穿越歷史遊灣區

佛山

小白楊工作室 策劃

陳萬雄 主編　劉集民 編著

中 華 教 育

序言

自 2017 年 7 月 1 日，《深化粵港澳合作推進大灣區建設框架協議》在習近平主席的見證下簽訂以來，社會各界對粵港澳大灣區的興趣與日俱增。工商界、金融界、各服務行業為找尋商機而一馬當先，自然不在話下。文化藝術界亦希望能到大灣區內各地演出、交流。創新科技界則期許能通過合作，在大灣區內建成完整的產學研鏈，將科研成果產業化，為大眾所用。教育界更是熱切期待能組織同學們到大灣區各地考察、交流、學習。恢復通關之後，來往大灣區各地的旅行團越來越多，旅遊界亦忙個不亦樂乎。

無論我們日後到大灣區內各地旅遊、考察、交流、投資、就業、或創業，如果我們能對當地的文化歷史、風土人情有所了解，那就可能更容易適應，更容易掌握情況、更得心應手了。香港中華書局這一套《穿越歷史遊灣區》叢書，正正是為了這個時代的需要而撰寫的。叢書的主編陳萬雄博士，是位生於嶺南、長於嶺南，對嶺南文化歷史有深刻認識和深厚人文情懷的歷史學家，善用生動的語言和引人入勝的實物（文物、古跡），講好大灣區的故事。毫無疑問，這套叢書可以讓以上各界別的朋友們增加對大灣區的了解，讓大家在灣區旅遊或生活時感到更親切、更興趣盎然。衷心感謝陳萬雄博士為大家編成了這套契合時代需要的好書。

大灣區院士聯盟副主席

中國工程院院士

李焯芬

2023 年 6 月

前言

「舊邦新命」的大灣區

粵港澳大灣區的宏大發展規劃與新的建設進程，不僅是廣東，亦為全中國、海外、甚至世界所矚目，預期會再創中國與世界發展的奇跡。以珠江三角洲為核心的大灣區，自上世紀八十年代的「開放年代」起，它的發展進程處於中國近幾十年現代化發展的前沿，也成就了人類文明發展史上的奇跡。

向來被稱為「廣府地區」、「嶺南地區」、「珠三角地區」，今以新名片「粵港澳大灣區」面世的這一地區，在中國幾千年的歷史進程中，甚至從世界歷史的發展維度上，於歷史發展、文明創造及東西方文化交流融合方面擔當過重要的引領角色，是中國多元一體文化中的重要一元。因此，我們對吹起新號角的「粵港澳大灣區」，要有全面而深刻的認識，必須從源遠流長的歷史大視野，文化風俗的特色，世局的變遷等角度去作了解。

《穿越歷史遊灣區》叢書，就是這樣一套內容簡要、穿越古今、跨域交織、深入淺出、圖文並茂，為大眾和青年學生閱讀了解、旅行體驗大灣區而編寫的叢書。此叢書雖是為大眾體驗文化，遊覽大灣區編撰的普及讀物，但亦參考了諸多學者專家著作，未能一一稱引，在此一併感謝。

主編　陳萬雄博士

2023 年 5 月

旅行清單

出發前你想知的佛山二三事！

我們的高鐵就要啟程啦！此次我們的目的地是佛山。在踏上旅途之前，可以想一想以下的問題中，有沒有你想知道答案的？我們可以在之後的旅程中慢慢尋找！

Q1 今天的佛山是由哪些歷史上著名的縣市組成的？

Q2 珠江水系中有哪幾條河流經過佛山？

Q3 佛山的名字是怎麼來的？

Q4 傳說中明清時期的「四大名鎮」，你能說出它們的名字嗎？

Q5 「首府首縣」是甚麼意思？

Q6 香雲紗的生產需要用到哪一種佛山本地生長的植物？

Q7 你看過哪些和佛山本地名人有關的影視劇？

Q8 有哪些武打影視作品中的著名人物是佛山人？

Q9 佛山自古以來出過幾位狀元？

Q10 你能夠説出康有為在歷史上參與過的重要事件嗎？

Q11 「四大寇」是哪四位？他們是做甚麼的？

Q12 你聽過粵劇嗎？是否有喜歡的劇目？

Q13 你能否説出幾位粵劇名伶的名字，以及他們的代表行當？

Q14 你知道李小龍有甚麼代表電影嗎？

Q15 佛山舞獅是怎樣與武術產生聯繫的？

Q16 在佛山甚麼地方可以看到美麗的白鷺？

Q17 佛山的最高峰是哪一座？

Q18 祖廟是甚麼？

Q19 佛山的嶺南園林有甚麼特色？

Q20 華僑對佛山的建築藝術產生了甚麼影響？你能舉出例子嗎？

Q21 正月十六佛山人「行通濟」時會做哪些事？

Q22 你知道珠璣巷的故事嗎？

Q23 甚麼是「蝴蚐」？

目錄

佛山緊鄰廣州，是一座人文底蘊深厚的古城。說到佛山，人們也許會想到出身當地的思想政治家、戲曲藝術家與武打明星；有人會聯想到它的名勝古跡。今日的佛山，還是粵港澳大灣區中重要的都市圈樞紐城市，這究竟是怎樣的一座城呢？踏上旅途之初，我們一起去看看它的基本情況……

01

說到佛山

你會
想到甚麼？

佛山在哪裏？

佛山位於廣東省中南部的珠江三角洲腹地，氣候溫和多雨。當地地勢平坦，水資源豐富，珠江水系中的西江、北江，以及北江支流綏江在此地匯合。

佛山因何得名？

佛山，顧名思義是和佛教有關的山，這背後有怎樣的一個故事呢？這還要回溯到初唐時期，當時這個地區還叫做季華鄉。貞觀二年（628 年），鄉民突然發現附近的塔坡崗（位於今天佛山市禪城區）冒出吉祥的彩光，其後在發光的位置挖到三尊銅佛像。原來東晉時曾有一個名叫達毗耶舍的罽賓國（jì bīn，古代西域國家，大致位於今天的巴基斯坦與阿富汗之間的帕米爾高原）僧人在此建寺講經，傳播佛教。人們將挖出的佛像供奉在為此興建的塔坡寺內，並樹立了一塊題有「佛山」的石榜，於是就有了佛山的名字。

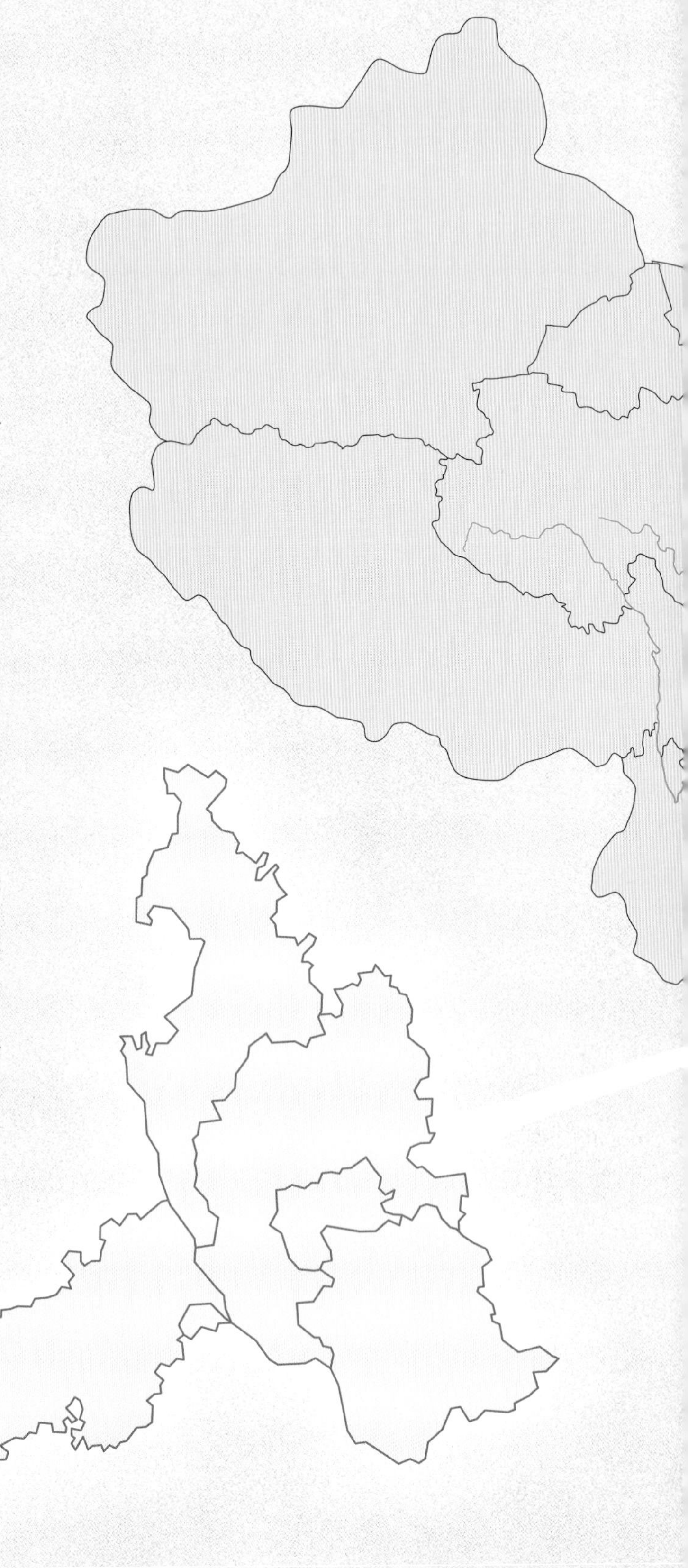

我們可以通過甚麼方式來到佛山？

高速公路：有廣台高速、廣佛肇高速、廣佛高速、廣州繞城高速十餘條高速公路和多條國道公路可以抵達佛山。

鐵路：乘搭廣茂鐵路、南廣鐵路、貴廣鐵路、珠肇高速鐵路均可抵達佛山。乘客往返佛山和香港，可以選擇連接佛山西站與香港西九龍站的高鐵。佛山往返珠海、澳門，則有廣珠城際鐵路。

航空：佛山沙堤機場是珠三角地區的第四個民用機場，預計到 2026 ～ 2027 年，一座全新的珠三角樞紐機場將在佛山高明區落成運營。

經濟帶與都市圈中的佛山

珠江－西江經濟帶：珠江－西江經濟帶橫貫廣東、廣西，聯繫雲南、貴州，南下可達香港、澳門。根據國家的規劃，這一經濟帶，規劃期為2014至2020年，並可以展望到2030年。其規劃範圍包括廣東省的廣州、佛山、肇慶、雲浮和廣西壯族自治區的南寧、柳州、梧州、貴港、百色、來賓、崇左，廣東佛山是經濟帶中的一個重要樞紐城市。設立這個經濟帶的目的是促進全國區域協調發展和面向東盟開放合作，促進兩廣經濟一體化，探索跨省區流域經濟合作發展的新模式。

廣州都市圈：根據清華大學中國新型城鎮化研究院組編的《中國都市圈發展報告2021》，中國目前有34個千萬級人口的大都市圈。其中廣州都市圈是六個成熟型都市圈之一，範圍包括廣州市、佛山市、肇慶市和清遠市，截至2019年，廣州都市圈人口已經超過三千七百萬，2021年GDP達到43415.41億元人民幣，在國家發展和社會經濟方面的重要地位毋庸置疑。

廣佛都市圈：廣州都市圈內部，近年來還在推動建設廣佛都市圈。這個都市圈包括了廣州中心城區和佛山禪城、南海、順德三區，更廣還可以擴大到廣州和佛山全境。廣佛地區經濟發達、交通便利、人口眾多，城市之間居民跨城通勤頻繁，是粵港澳大灣區發展的重要組成部分。2022年《廣佛全域同城化「十四五」發展規劃》正式印發，進一步耦合城市功能，鏈接交通樞紐與發展平台，創造「一區、三軸、一環」的格局。到2025年，根據這一規劃，廣佛地區生產總值達到5萬億元左右，作為廣州都市圈主引擎、粵港澳大灣區樞紐的輻射帶動作用更加凸顯。

歷史名縣的組合

佛山市現今有五個市轄區——禪城、順德、南海、三水、高明，根據第七次全國人口普查數據，全市人口近九百五十萬。

佛山區劃歷史沿革	
時代	**變遷**
始皇三十三年（公元前 214 年）	設立南海郡，郡治設於番禺縣
隋開皇九年至大業三年（589 ～ 607 年）	朝廷先在 589 年撤銷南海郡，設廣州總管府，十餘年後又重新設置南海郡，南海縣為南海郡管轄的十五縣之一
唐武德四年（621 年）	再度廢除南海郡，設置廣州，南海縣為其屬地
唐天寶元年（742 年）	改廣州為南海郡，南海縣為其屬地
唐乾元元年（758 年）	改南海郡為廣州，南海縣為其屬地
北宋開寶五年（972 年）	番禺、四會兩縣併入南海縣，不久又重新分出
明景泰三年（1452 年）	分出部分南海縣地，設置順德縣
明嘉靖三年（1524 年）	分出部分南海縣地，新設置三水縣
清康熙二十五年（1686 年）	分出部分南海縣地，新置花縣（花縣的大致範圍即今天的廣州花都區）
民國九年（1920 年）	南海縣劃歸廣州
民國十四年（1925 年）	佛山鎮自南海縣劃出，設佛山市
1958 年 12 月	南海、三水兩縣合併，次年分開
1983 年 6 月	南海縣劃歸佛山市
2002 年 12 月	新置禪城區。自此佛山五區形成

從上面的表格可以看出，今天的佛山市行政管轄範圍內，南海、三水、順德等區在歷史上都曾經是獨立的縣市。這些縣市在歷史上頗有盛名，可以說，現在的佛山，是由各具人文特色和歷史底蘊的不同部分組合起來的。

佛山古稱南海，昔日「佛山」這個名字，只是南海縣下屬的一個鎮名。過去的佛山鎮位於今天佛山市禪城區祖廟街道一帶，明清時期憑藉着發達的商品經濟，水陸交通便於人貨集散的地理位置，還有發達的手工製造業，與江西景德鎮、河南朱仙鎮、湖北漢口鎮並稱為「中國四大名鎮」。

如今的「南海」和「佛山」地位互換，成為了隸屬佛山市管轄的一個區名。中國歷史上南海的行政管轄範圍，和臨近的廣州多有重疊。南海被認為是粵文化發展的中心地區之一，是著名的僑鄉和名人之鄉。明清時期，廣州由南海縣和番禺縣分治：以今天廣州北京路為界，路以西的地區由佛山管轄，涵蓋了今天越秀區的核心區域、荔灣區（西關）等當時省城政治、經濟、文化和對外交往的主要區域，佛山因此享有「首府首縣」的美譽。

高明區原為高明縣，秦時這個地方屬於高要縣，漢朝元鼎六年（111 年）在此駐軍設寨，稱為高明寨，因而得名。明朝成化十四年（1478 年）高明縣設立，沿用了漢朝兵寨的名稱。

順德早在先秦時期就有人類活動的文明痕跡。明朝景泰三年（1452 年）「順德」的縣名正式出現。此外，順德大良地區有一座形似鳳凰的山名叫鳳山，因此給城市帶來了「鳳城」的別名。順德位於珠三角廣府文化的中心區域，商業繁榮，文化興盛，是粵劇的發源地，還有世界聞名的美食文化。還因為改革開放之後經濟迅猛發展，在 20 世紀 80 年代被列入「廣東四小虎」。它在佛山五區中的地位相對特殊，在 1992 年獲批為縣級市，1999 年獲得廣東省批准為率先基本實現現代化試點市。之後順德雖然在 2002 年撤市設區併入佛山市，但經濟、文化、社會方面的事務仍然具有一定的地級市管理權限，2011 年更被廣東省確定為省直管縣試點，享受地級市的行政執法權限。

▲ 順德老街

佛山市容與山水

華蓋山

順德大良的城區中心有兩座山，一座是令城市得到「鳳城」雅稱的鳳山，另一座是大良人也很少登上的華蓋山。近年華蓋山上修建了人工搭建的1.6公里環山鋼質棧道，設置了6個出入口，供人們登上山頂觀景台。觀景台上是大良舊城區最高點，能夠俯瞰包括清暉園、人民禮堂、鐘樓公園、體育中心、人民醫院、金榜、碧鑒等在內的整個城區。

▲ 暮色中的華蓋山和順德城區

▲ 鳥瞰順峰山公園

兩湖雙塔順峰山

順峰山是個大型公園，它名為「山」，其實並不高，卻給人山色水韻兼備的感覺。公園設計以兩湖（青雲湖、桂畔湖）、雙塔（青雲塔、舊寨塔）為中心，花園、草地、建築圍繞水體分佈，風景秀麗。順德的著名古剎——寶林寺也坐落於此，寺廟至今香火鼎盛，被譽為「太平瑞氣」。整個景區青山、碧水、一寺、兩湖、雙塔，自然、人文相互交融增色。

千燈湖

佛山擁有1182條縱橫交錯的河道，在歷史發展中為佛山這個「天下四大名鎮」之一提供了不少助力。隨着城市現代化的發展，佛山規劃了嶺南水鄉的中軸線，在新千年來臨之際拉開了現代建設的大幕。經過二十餘年，四個工期的不斷開發優化，千燈湖由原來的一片農田，發展成了一個龐大的城市核心。打造出了一個以水為媒，以湖為核，以湖聚產，以湖興業的城、產、人融合發展的現代城市典範。

▲ 佛山千燈湖

影視中的佛山印象

《粵港澳大灣區發展規劃綱要》中明確提出「共建人文灣區」，即需要推進新聞出版、廣播影視、音樂、文博、時尚、飲食、體育等多方面共同發展。影視行業對佛山有重要的影響，一方面佛山擁有兩座粵港澳大灣區重要的影視城，另一方面，佛山的名人、武術文化、粵劇文化、僑鄉建築風情，通過電視廣播有限公司（簡稱 TVB）的電視劇，武打電影，人物傳記影片，內地清末民國背景的時代劇等不同類型，不同創作角度的影視作品得到了宣傳。實地來到佛山之前，説不定你已經在熒幕上遊覽過這座城市！

▲ 南海影視城 ▶

南海影視城

南海影視城建於 1996 年，是中央廣播電視總台直屬的影視攝製基地。它以影視拍攝服務為主，兼具觀光旅遊、文化娛樂、休閒度假等多種功能，還是 2019 年中央廣播電視總台中秋晚會的分會場，以及 2019 世界定向杯決賽暨南粵古驛道分賽、2019 中國（佛山）大灣區功夫電影週開幕式等活動的舉辦現場。影視城由皇宮、江南水鄉、香港及澳門街等多處影視拍攝場景組成，是以明清、民國時期文化為背景的仿古建築羣。《新少林五祖》、《冒險王》、《中華丈夫》、《英雄鄭成功》、《太平天國》、《倩女幽魂》等多部內地及香港影視劇都在這裏取景，園區亦會不時展出在此拍攝的影視劇場景道具，供遊客參觀。

西樵山國藝影視城

西樵山國藝影視城位於佛山南海區，由香港國藝娛樂文化集團有限公司開發管理，2015 年對外營業。它既是一座影視拍攝基地，也是遊覽主題園區。硬件上還搭配有各級酒店及攝影棚、培訓基地，可以提供完善的影藝人員產銷鏈。香港拍攝的電影《葉問終極一戰》和 TVB 的《情逆三世緣》、《巾幗梟雄之諜血長天》、《守業者》等劇都曾在此取景，近年亦有不少內地綜藝節目在此拍攝。影視拍攝基地內設有各個時代及地域背景的建築羣，其中頗有特色的是展現清末民初廣州風貌，擁有天字碼頭、十三行、嶺南騎樓與西關大屋等廣州傳統地標的廣州街；以及展現 20 世紀 30 至 70 年代香港大笪地、彌敦道、尖沙咀、旺角等街景與九龍寨城風貌的香港街，這些建築羣仿真度高，選取的都是兩地最具代表性的建築景物，體現出影視城所在的佛山臨近廣州和香港，深受南粵文化、廣府文化影響的特點。

當然，許多人對佛山產生印象，是因為眾多關於佛山當地名人，以及佛山歷史文化的影視作品。《戊戌風雲》、《走向共和》等描寫清末歷史的影視劇，令維新變法的重要人物康有為從歷史中走出來，變得鮮活生動；以李小龍、黃飛鴻、葉問為主角的武打電影，則向全世界傳播來自佛山的中國功夫，以及中國武術的人文意義。還有粵劇、嶺南華洋風格交融的建築、精巧的佛山手工藝與有趣的本地民俗，也通過影視劇為大眾所知。影視印象中的佛山，和現實的佛山有甚麼異同呢？我們會在之後的旅程中慢慢了解。

▼ 西樵山國藝影視城

唐代以後，廣東經濟逐漸繁榮，經濟的繁榮促進了文教的興盛，令古代中國科舉的舞台上漸漸出現了廣東，特別是佛山學子的身影。同時，廣東是中國最先對外貿易，接觸到西方科技思想文化影響，亦是最早遭遇列強侵犯的地區之一。因此，到了清末內憂外患，風雲激蕩的時期，廣東成為了維新思想和推翻封建帝制革命的搖籃。

02

名宦輩出
維新搖籃

才子之鄉 文風鼎盛

佛山狀元與連中兩元的倫文敍

廣東歷史上曾出過九位文狀元，其中五位出自佛山。第一位狀元是五代南漢國的簡文會，因為他號魁岡，如今佛山魁奇路的「魁」字就是為了紀念他。第二位狀元是南宋的張鎮孫，廣州通泰里的「狀元牌坊」就是因他而建立的。第三位狀元是明朝時的倫文敍，倫家與南漢狀元簡文會兩家同飲一口井水，人稱「一井兩狀元」，狀元井至今保存完好。第四位狀元是明朝萬曆年間的黃士俊，他曾在廣州參與抵抗滿清的南明紹武政權，廣州城被清軍攻破後，他便退隱山林。第五位狀元是清朝同治年間的梁耀樞，在他狀元及第榮歸故里時，鄉親們組織表演人龍舞，自此人龍舞在佛山世代相傳，成為了融合舞蹈和武術的表演節目。

正史上關於倫文敍的記載其實不多，但在廣東歷代狀元中極受廣府地區「講古佬」的偏愛，在民間知名度非常高。倫文敍出生在 1467 年，明朝弘治十二年（1499 年），倫文敍考中會試第一成為會元，之後又在殿試中取得一甲第一名狀元及第，故而成為中國科舉歷史上少有的「連中兩元」的才子。倫文敍不僅自己科場高中，他的長子倫以諒鄉試解元再中進士，次子倫以訓獲會試第一和殿試榜眼（第二名），三子倫以詵亦高中進士。明末學者屈大均曾在書中讚美：「世復稱父子四元雙進士，海內科名之盛無出其右。」

◀ 佛山市順德區博物館收藏的清代狀元梁耀樞「狀元及第」匾額

南海三倫

我們知道，唐宋八大家中佔據三席的「三蘇」——蘇洵、蘇軾、蘇轍父子，有「一門父子三進士」的説法。在中國古代，書香傳家，文化底蘊深厚的家庭中，父子、兄弟多人高中進士的情況，「三蘇」並不是個孤例。明朝劉仕義在《新知錄摘抄》中，就留下了關於倫文敍父子的這段記錄：

廣東南海倫文敍，以會元廷試及第狀元，長子以諒解元登進士第，次子以訓會元廷試第二人，少子以詵進士，一家之中父子兄弟並以魁元策名。當世盛哉！前乎未之有也，故天下稱為「三倫」。昔人有詩曰：「去時曾攜一束書，歸來玉帶掛金魚。文章未必能如此，應是雙親積善餘。」諒哉噫籲！天下之士，抱璞弗售者十四五焉，可以安於命矣。

▲ 佛山南海博物館中倫文敍父子一門四進士像

及第粥

廣東的著名小吃中，粥是一大門類。其中有種相傳起源於明代的及第粥，這道小吃是將豬肉丸、豬肝片、豬粉腸放入粥中滾熟，加上花生米、碎油條、蛋散等配料一同吃。及第粥味道鮮美，營養豐富，至今都是人們喜愛的美食。這道小吃究竟是怎麼得名的，坊間眾説紛紜，其中有一種説法就和連中兩元的明朝才子倫文敍有關。

相傳倫文敍幼時家貧，靠賣菜維持生計。街坊中有一位賣粥小販可憐他年紀小小幫補家計還不忘學習，就經常請他喝白粥，並在粥底藏些豬肉丸、豬肝、豬粉腸，給他補充營養。倫文敍中狀元以後感謝小販的恩情，就把這種粥叫做「及第粥」，從此流傳至今。因為這道粥有「及第高中」這個好意頭，不少學生在考試前，也會去餐廳點一碗及第粥，希望考試順利通過。

民間故事中的對聯才子

你看過周星馳主演的喜劇電影《唐伯虎點秋香》嗎？電影中有一段情節，是扮作家僕的唐伯虎與「對穿腸」比試對對聯，一舉獲勝。對聯又稱楹聯，2006 年被列入中國第一批國家非物質文化遺產名錄，它是漢語言文學中一種獨特的藝術形式，要求兩句一組的對偶語句含義相稱、對仗工整、字數結構相同、平仄一致，雅俗共賞。因此，中國傳統中認為一個人能夠撰寫出一對巧妙的對聯，是有才學的表現。在民間流傳的故事中，才子倫文敍常常能對出有趣的對聯。

傳説小倫文敍擔菜去一座寺廟賣，和尚開玩笑稱若是他能做一副對聯，上下聯恰好包含一百之數，就高價買他的菜。小倫文敍當即寫道：「杏壇七十二賢，賢賢希聖；雲台二十八將，將將封侯」。七十二加二十八正是一百，孔子教育弟子的杏壇對漢光武帝分封功臣的雲台，這副對聯意趣巧妙，藏有典故，對得非常工整，和尚們嘖嘖稱奇。

又有一次，傳説倫文敍和小夥伴踢球，將球踢進一個武官家的花園裏。倫文敍去要球時，官員聽説他是個神童，便要考考他，對得上對子才能把球拿回去。這位官員看到墻上掛着《龍吟虎嘯圖》，便出上聯：「圖畫中，龍不吟，虎不嘯，看見童子，可笑可笑」，倫文敍見到房間桌上擺着棋盤，立刻對出下聯：「棋盤內，車無輪，馬無轡，説聲將軍，提防提防」。官員聽罷讚歎不已，不但還了球，還獎勵了倫文敍。

今天在佛山，還有不少景點與節慶民俗和倫文敍有關。由於倫文敍父子「一門四進士」的成就，人們把倫家老宅稱為「福地」。2010 年 10 月，佛山市在老宅原址的福地巷北面、中山六路南側建成倫文敍紀念廣場，樹立狀元牌坊及倫文敍塑像，還開闢名為「狀元府」的博物館，供遊客參觀。倫文敍去世後，安葬在南海羅村父母墳塋邊，墓地經過多次遷址，今天坐落於羅村的長安墓園。當地人在附近修建了狀元公園，還將倫文敍中狀元的農曆三月十六日定為「狀元誕」，舉辦紀念活動，宣傳倫文敍睿智、仁愛、盡孝、愛國的精神。

書史大家：探花李文田

李文田（1834 ～ 1895），是今天佛山地區的順德人。他年幼喪父，由母親撫養長大，相傳佛山名門梁氏見到李家艱難心生憐憫，提出讓李文田到梁家讀書。李文田不負期望，十八歲時獲得縣試第一名，之後年僅二十五歲，就在咸豐九年（1859 年）的殿試上獲一甲第三名探花。之後他曾入職南書房，又歷任禮部、戶部官職。他曾在同治十三年（1874 年）極力上書，阻止慈禧太后重修被英法聯軍焚毀的圓明園，《清史稿》記載，李文田稱：「常人之家偶被盜劫，猶必固其門牆，慎其管鑰，未聞有揮金誇富於盜前者。今彗星見，天象譴告，而猶忍而出此，此必內府諸臣及左右憸人導皇上以朘削窮民之舉。使朘削而果無他患，則唐至元、明將至今存，大清何以有天下乎？」光緒二十年（1894 年），李文田又上書，阻止慈禧太后國難當前窮奢極侈興辦六十大壽，體現了他作風廉正，心憂天下的品行。1895 年中日甲午海戰中國慘敗，喪權辱國的《馬關條約》簽訂，病中的李文田悲憤抑鬱而死。

李文田公務之餘潛心學術研究和書法。他的治學範圍主要是元史、西北地理研究與金石碑帖考據，著有《元祕史注》、《元史地名考》、《耶律楚材西遊錄注》、《和林金石錄》等。今天廣州荔灣區多寶坊還保留着他的書齋泰華樓，因為書齋內收藏《東嶽泰山碑》和《西嶽華山廟碑》而得名。他擅長楷書、行書、篆書，作品被中國國家博物館、廣東省博物館、順德區博物館、香港中文大學文物館、澳大利亞新南威士爾州美術館等博物館收藏。

▲ 李文田書法（鄧偉雄先生提供）

近代中國史的風雲一頁

清朝末期，國家的危局，民眾的困苦，刺激一部分有識之士拋棄傳統追求科舉功名之路，投身到挽救國家的事業中去，其中就有幾位出身佛山的著名人物。他們的思想或許並不屬於同一個陣營，選擇的救國之路也各不相同，但無一不在中國近代歷史上留下重要的一筆。

▲ 佛山名人故居地圖

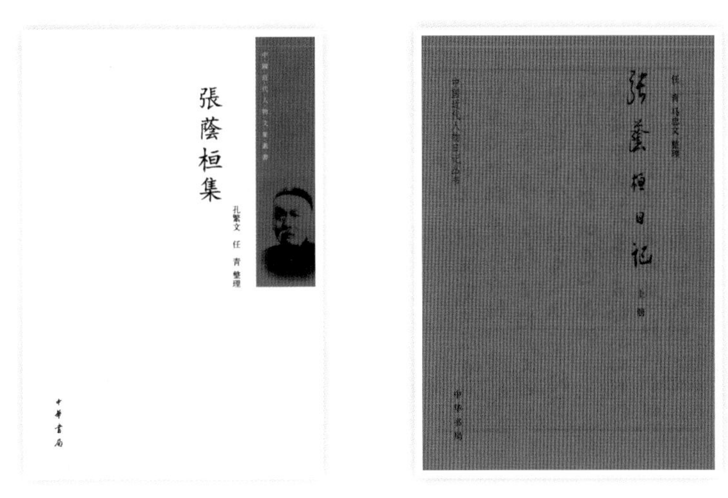

▲ 內地中華書局出版的《張蔭桓集》、《張蔭桓日記》封面

張蔭桓

張蔭桓（1837 ～ 1900），字皓嶓，號樵野，別號紅棉主人，清代南海佛山人。他是晚清著名的政治家、外交家，是學貫中西，擅理洋務的官員，著有《三洲日記》、《鐵畫樓詩續抄．荷戈集》等。

據《清史稿》記載，同治十一年（1872 年）張蔭桓受丁寶楨賞識到山東籌辦海防，開始他的洋務之路。光緒二年（1876 年），李鴻章因英國翻譯官馬嘉理在雲南被殺一案，到煙台與英國公使交涉。張蔭桓助力有功，獲得李鴻章的賞識，得到重用。

光緒十年（1884 年）中法越南戰爭爆發，清廷急需外交人才，張蔭桓受到薦舉。他入職主管外交事務的總理各國事務衙門，並在光緒十一年（1885 年）擔任駐美國、西班牙（當時稱日斯巴彌亞）、祕魯三國大臣，在任期間處理過在美華工被殺索償事件，保護華工生命財產安全；力爭取消美國限禁華工的法令，還上奏設立古巴學堂，在金山（今三藩市）設置學堂和醫院；還和西班牙交涉關於在小呂宋（今菲律賓）增設領事事宜。

甲午戰爭爆發後中國慘敗，張蔭桓與湖南巡撫邵友濂赴日議和，但被日本方面拒絕，次年改由李鴻章前去談判，期間多有諮詢張蔭桓意見。光緒二十二年（1896 年），張蔭桓奉命與日本駐華公使林董在北京談判，於 7 月 21 日簽訂《中日通商行船條約》，在徵税，優待條款等方面盡可能地為中國爭取了利益。1897 年，張蔭桓受命出使英國，祝賀維多利亞女王即位六十年慶典，期間還遊歷了俄德等國。

張蔭桓在戊戌變法中也發揮了重要作用。他和康有為政見契合，關係密切，並將康推薦給光緒帝的老師翁同龢。著名歷史學家何炳棣在《張蔭桓事跡》一文中說：「非蔭桓之先啟沃君心，則維新之論不能遽入，非蔭桓之為有先容，則變法之計不能驟行。」可見張蔭桓在戊戌變法中所扮演角色之重要性。戊戌變法失敗後，張蔭桓和「戊戌六君子」皆被捕。由於外國列強的干預，張蔭桓得以免死，但被流放至新疆迪化（今烏魯木齊）。

1900 年，八國聯軍入侵中國，慈禧想到曾長期與列強打交道的張蔭桓，興起舊怨，下令將其處死在戍所，時年六十四歲，由其子將靈柩運回佛山安葬。《張蔭桓事跡》文末，何炳棣先生對張蔭桓的一生如此評價：

蔭桓自請洋務以至變法維新，前後數十年，學益進，志益鋭，事不成而以身殉之，亦可哀矣。流名海外，為各國所重，非偶然也。議論之動人，雖不及康梁，勛名之顯赫雖不及張李，而於一代升降廢興之故，實暗操其關鍵……

▲ 法國《畫報》（*L' Illustration*）於 1894 年刊登的總理衙門大臣合影（左一為張蔭桓）

康有為

康有為（1858 ～ 1927），原名祖詒，字廣廈，號長素，又號明夷、更甡、西樵山人、游存叟、天游化人，是中國晚清時期重要的政治家、思想家、教育家，變法維新運動的代表人物。康有為又被稱為「康南海」，他是個地地道道的佛山人。

接觸西學與維新思想發展

康有為出生於官宦之家，從小勤學。光緒五年（1879 年），年輕的康有為遊學香港，大開眼界。之後他北上京城科舉不中，回鄉路上經過上海，購買並閱讀了大量西方進化論和政治思想的著作，思想上發生了很大改變。康有為開始認識到當時中國的制度已經落後於西方，想要振興國家救亡圖存，必須進行變法。

1891 年，再次落第的康有為在廣州萬木草堂開始講學，宣傳自己的思想。期間他還撰寫了如《新學偽經考》、《孔子改制考》、《大同書》等著作；為維新變法創造理論基礎。

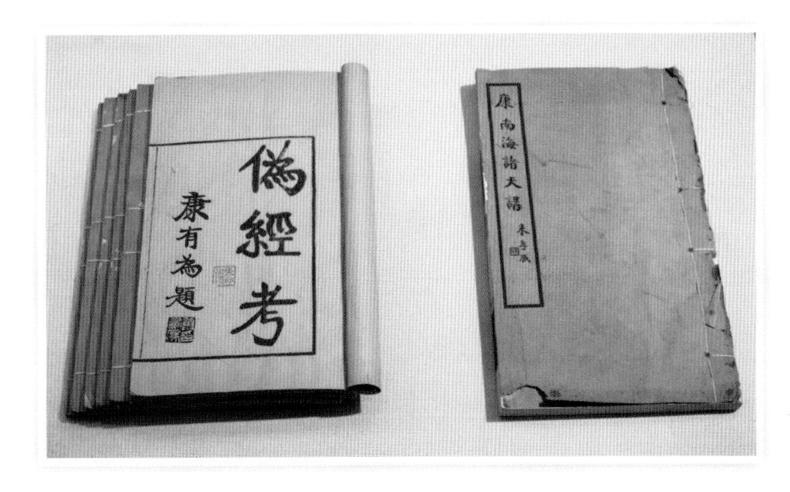

◀ 南海博物館收藏的康有為著作

公車上書

1895 年，康有為進京參加會試期間，正逢清廷與日本簽訂喪權辱國的《馬關條約》。康有為集合各省 1300 名應試舉人，聯名請願，發動「公車上書」，請求拒和、遷都、練兵、變法的救國綱領。

看到這裏，也許有人問，「公車上書」是甚麼意思？「公車」這個詞出自漢代。當時通過察舉制選拔出來任官的孝廉，都會坐公家馬車上京。後來察舉制被科舉制度取代，孝廉相當於明清的舉人，因此「公車上書」就是指這些舉人上書朝廷的行為。

儘管「公車上書」聲勢浩大，但是朝廷還是批准簽署了《馬關條約》，上書也被拒絕，沒能送到皇帝手裏。不過，「公車上書」還是在社會上產生了巨大影響，被認為是維新派登上歷史舞台的標誌。自此以後，康有為等以「變法圖強」為號召，組織強學會，與梁啟超等人在北京、上海等地籌辦發行《萬國公報》、《時務報》等報紙，與嚴復、譚嗣同等人在各地宣傳維新思想。

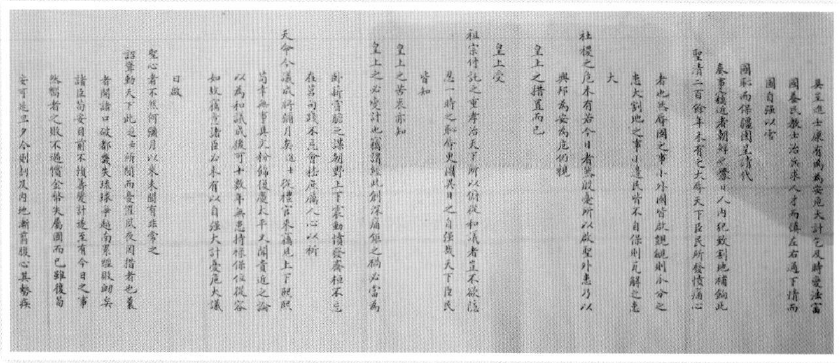

◀ 康有為故居紀念館收藏的《上清帝第三書》複製品局部

戊戌變法的開始與失敗

「公車上書」失敗以後，康有為在會試中中舉，殿試考中二甲進士，授工部主事。《馬關條約》簽署後約一個月，康有為呈交《上清帝第三書》（又稱《請及時變法富國養民教士治兵呈》），提出了變法的步驟。康有為的上書，帶給光緒皇帝很大震動。

1898 年 1 月，光緒帝下令康有為條陳變法意見，他呈上《應詔統籌全局摺》，又進呈所著《日本明治變政考》、《俄羅斯大彼得變政記》二書。1898 年 6 月 10 日，《明定國是詔》頒佈，拉開維新序幕。6 月 16 日，光緒帝在頤和園勤政殿召見康有為，任命他為總理衙門章京，籌備變法事宜。這一年是農曆戊戌年，因此在這年開始的變法運動被稱為「戊戌變法」。變法的內容包括擬定憲法、禁止婦女纏足、裁冗官、廢漕運、裁綠營、放旗兵、重練海陸新軍、保護工商業、興辦新式學校、廢除八股取士等。

然而，維新派的力量十分弱小，當維新變法觸及到掌握軍政實權的慈禧太后，以及她手下王公大臣利益時，這股保守勢力便立即着手鎮壓。1898 年 9 月 19 日，慈禧太后回到紫禁城發動政變，軟禁了光緒帝，捕殺譚嗣同、林旭、楊鋭、楊深秀、劉光第與康廣仁這「戊戌六君子」。戊戌變法就此終結，因變法不足百日，故又被稱為「百日維新」。

康有為、梁啟超經上海、香港出逃，漂泊海外。辛亥革命後康有為回國，於 1923 年定居青島，1927 年食物中毒去世，其墓地經過遷葬，現位於青島大學北邊的北浮山。

康有為的一生，在當時與後世皆褒貶不一，作為晚清社會的士大夫，在宣傳維新運動和領導戊戌變法時，他起到了積極的歷史作用。但變法失敗後，他流亡海外，反對革命運動，又在民國初年推動了尊孔復古思潮，充當帝制復辟運動的精神領袖。無論如何，康有為在中國近代的歷史上留下了自己的身影，讓後來人不斷思索和討論他的一生。

康有為故居

▲ 康有為博物館

康有為故居位於佛山市南海區丹灶鎮蘇村，在康有為出生時，康氏家族已經在這座別稱為「延香老屋」的古宅中居住了五代人，康有為在這裏初步形成了維新思想體系，並撰寫了《大同書》的初稿。

康有為故居為典型的嶺南清代青磚鑊耳屋民宅，1986 年在故居附近增建康有為博物館。1989 年 6 月，康有為故居被列為廣東省重點文物保護單位，1996 年被列為第四批全國重點文物保護單位。遊客可以參觀康有為幼年和少年時在此生活的遺跡與文物，康有為親筆書法作品與其遊歷各地帶回的紀念品，還可通過展覽了解清末的社會面貌，以及康有為在維新道路上的探索歷程。

▲ 康有為故居中的康有為塑像

▲ 康有為中舉後樹立的旗杆石

▲ 康氏宗祠

▲ 康有為故居內景

▲ 康有為博物館內仿建的北京南海會館

▲ 康有為故居內景

康有為與麥氏兄弟

麥孟華（1875 ～ 1915）是清末的維新派，字孺博，號傷心人。他是康有為的弟子，在廣州萬木草堂學習時與梁啟超並稱「梁麥」。他曾參加「公車上書」，同時出任《萬國公報》、《時務報》的撰述和編輯。戊戌變法失敗麥孟華逃亡日本，辛亥革命後，他在康有為創辦的《不忍》雜誌任編輯。後充任馮國璋幕僚。

麥仲華（1876 ～ 1956）是麥孟華的弟弟，字曼宣，號曼殊室主人，編撰有《皇朝經世文新編》。他在哥哥影響下也進入萬木草堂讀書，拜康有為為師，並與康有為的女兒康同薇結為夫婦。戊戌變法失敗後，麥仲華流亡日本，後前往英國遊學，民國時期歷任司法儲才館祕書、香港電報局局長等職。麥氏伉儷育有十一個子女，很多都成為科技、文教、醫學界的佼佼者。

麥氏兄弟故居位於佛山市順德區杏壇鎮，這座麥氏祖屋為青磚鑊耳屋，目前僅存主屋。

尢列

尢列（1865～1936），字令季，別字少紈，號小園，晚號鉢華道人。他出生於順德北水鄉富裕的書香門第，少年遊歷時憤於清政府的腐敗無能，列強對中國的瓜分欺凌，決心投身革命。

尢列十七歲在上海加入洪門，二十二歲入廣州算學館，結識孫中山、鄭士良。尢列從算學館肄業後，擔任了廣東沙田局丈算總目，得以藉工作的便利來往香港。此時孫中山正在香港學醫，尢列通過他認識陳少白，又經常去中環歌賦街拜訪同學楊鶴齡，這四人以楊鶴齡家業楊耀記為聚會場所，談論時事，討論反清行動，被稱為「四大寇」。

▲「四大寇」合照
（前排左起：楊鶴齡、孫中山、陳少白、尢列）

1895年2月21日，繼1894年在檀香山成立興中會以後，孫中山在香港合併了楊衢雲的香港「輔仁文社」，成立興中會總會，並將社團誓詞改為「驅逐韃虜，恢復中華，創立合眾政府」。興中會總會地址位於香港中環士丹頓街13號，一切機構與檀香山分會相似。尢列正是香港興中會成立的骨幹成員。當年夏天，興中會組織的乙未廣州起義事泄失敗，革命者們或被抓捕殺害，或者亡命天涯。孫中山被港督驅逐，五年不得返港，尢列則前往越南西貢。兩年後他回到香港，在香港西貢組建中和堂，宣傳革命思想，從事革命活動。

此後尢列四處遊說起兵反清，1900年他參加惠州起義失敗，遭到清政府通緝，於是遠渡日本。1901年秋，尢列前往新加坡，在南洋各地創立中和堂分會，宣傳革命，並在1904年創辦的《圖南日報》上發表傳播革命思想的文章，並積極為中國內地的起義活動籌措資金。

1911年武昌起義成功，1912年清帝遜位，清朝滅亡，尢列遂功成身退。他客居日本神戶期間，將精力投入編撰《四書章節便覽》一書。1921年孫中山在廣州主持護法運動期間，曾聘請尢列為總統府顧問，但不久後尢列辭去職務，在香港居住，致力於宣傳孔教倫理救國。他在九龍旺角廣華道設立皇覺書院，親自講學，1928年尢列組織籌建孔聖堂事宜，最終孔聖堂在香港富商曾富支持下在銅鑼灣加路連山道建成，至今依然保存完好。

1936 年，尤列應南京政府邀請前往上海，之後抵達南京拜謁了中山陵。11 月 12 日因病在孫中山生日這天去世，1937 年安葬於南京城郊麒麟門外小白龍山。

▲ 銅鑼灣孔聖堂 ▶

尤列故居位於廣東順德杏壇鎮北水村。建於清代道光十七年（1837 年），2002 年被定為廣東省文物保護單位。這座民宅還是孫中山等人革命活動的一個祕密據點，1895 年尤列與陸皓東、周昭岳等人在這裏設立「興利」蠶種公司，以生意掩護革命通訊工作。孫中山等人常常來此居住，日後為興中會、中國同盟會、中華革命黨、國民黨及中國國民黨沿用的青天白日旗，就是陸皓東在此居住時設計的。

◀ 尤列故居

多一點，少一點？

有人會問，尢列的姓和尤姓有甚麼不同呢？為何他的姓名使用這個字，而後人卻又使用「尤」字？尢列先生的三孫尢嘉博先生為此撰寫了一篇《尢氏考證》，專門説明這個問題[1]。

考據各大字典，「尢」其實是「尤」的本字，參考甲骨文字、金文至漢碑、唐書法，所書往往為無點的「尢」字，後人誤認隸書筆畫，寫成「尤」字，流傳至今。而這個字作為姓氏使用時，「尢」和「尤」同屬一源，多寫一點或少寫一點，皆是一家人。

尢列先生祖父和父親的姓名用的是「尤」，那為何到了他這裏，又抹去了這點？據説這是因為他決心投身革命，擔心連累家族，因此將姓氏除去一點，改為亦可以唸作「汪」的「尢」字，在革命活動中掩護身份。尢嘉博先生在考據時，補充了尢列「抹去這一點」更深層的意義：據説乾隆皇帝下江南時來到無錫，曾將無錫望族尢氏的姓寫成「尤」字。族人稟告皇帝之後，乾隆將錯就錯，表示這一點是皇帝御賜。於是此後錫山的尤氏宗祠將姓氏中這一點塗上硃砂紅色，以示尊敬皇帝所賜。因為尢列先生和孫中山先生從事推翻滿清封建王朝的革命活動，自然將封建帝王給予的這一點拋棄，體現出他作為革命者的精神。

▲ 順德區博物館內尢列塑像

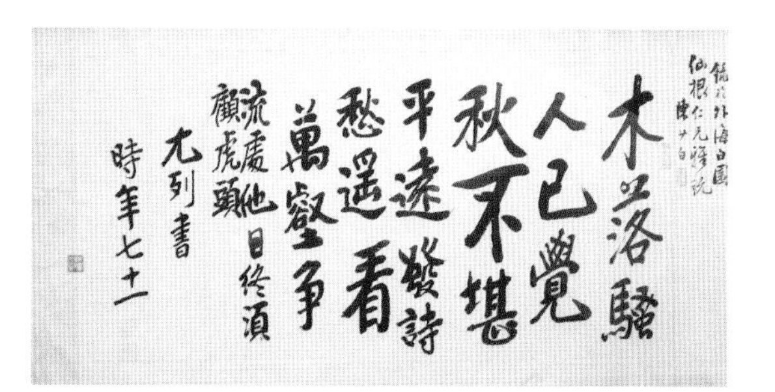

▲ 尢列書法

男兒立志出鄉關
志不成時誓不還
埋骨豈惟墳墓地
人間到處有青山
順德尢列

▲ 尢列手書

1　編者按：原文收錄於尢嘉博編撰，《尢列集》，尢嘉博自刊，香港，2002 年，頁 329 ～ 331。轉引自尤曾家麗、黃振威著，《人間到處有青山：四大寇之尢列傳》，中華書局（香港）有限公司，2021 年，頁 220 ～ 222。本板塊尢列書法、故居及孔聖堂相關圖片與後文所引用相關內容亦出自此書，不再註明。

中國有兩張世界知名的文化名片，一是傳統戲曲，二是中國功夫。佛山恰好是一座同時擁有這兩張名片的城市。它是粵劇的發源地，為這一劇種的成熟發展貢獻巨大。佛山還是中國著名的南方武術之鄉，大家耳熟能詳的流派拳法與武術明星，有許多來自佛山。來佛山旅遊，自然不能不體驗粵劇和武術的魅力。

03

粵劇之源
武術之鄉

粵劇精彩知多少

「閩姬越女顏如花，蠻歌野曲聲咿啞。⋯⋯春風列屋豔神仙，夜月滿江聞管弦。」早在元末明初，被譽為「嶺南詩宗」的佛山詩人孫蕡（fén）就在其《廣州歌》中描述了廣佛一代繁榮動人的粵劇表演情況。你也許知道粵劇這個劇種的名字，聽説過《昭君出塞》、《帝女花》、《客途秋恨》⋯⋯假如你還想知道更多關於粵劇的有趣知識，來到佛山這個粵劇起源的搖籃，就一定不能錯過種種精彩！

粵劇的起源

粵劇又叫「大戲」或「廣府戲」，是嶺南地區最大的戲種。它以粵方言演唱，劇目內容、表演、行頭妝面、舞台元素都體現了濃厚的嶺南風格，是嶺南文化的重要標誌。粵劇從發源地佛山向兩廣和港澳台傳播，隨着華僑華人的移民腳步再被傳播到世界各地，可以説有講粵語的華人社區，就能聽到粵劇。2006 年 5 月 20 日，粵劇名列第一批 518 項國家級非物質文化遺產名錄，2009 年 9 月 30 日，粵劇通過聯合國教科文組織認定，列入人類非物質文化遺產名錄。

那麼粵劇是如何產生發展起來的呢？這還要從宋元時期説起。當時廣州經濟繁榮，大量廟宇、宗祠建立，響應人們在經濟生活和祭祀儀式中對娛樂的需要，外省戲班（粵人稱之「外江班」）來到廣府，吸引本地人學戲，並逐漸壯大。再往後，戲班將流入廣東的海鹽腔、弋陽腔、崑山腔、梆子腔等諸腔為基礎，吸收珠江三角洲的民間音樂，形成有別於外省唱腔的本地「廣腔」。清代咸豐、道光年間，廣東本地班在演出中以「梆簧」（西皮、二簧）作為基本曲調，兼收高腔、崑腔及廣東民間樂曲和時調，用「戲棚官話（即桂林官話）」為基本語言，間雜以粵語。到了二十世紀初，粵劇就逐漸使用粵語來演唱了。

◀ 以佛山祖廟萬福台為背景的粵劇《楊門女將》陶塑，廣東粵劇博物館藏

粵劇作為嶺南本土劇種，具有鮮明的本地文化特色，它有以下幾項「特技」：

特技 一：表演中的南派武功

粵劇將兼具實用性和技擊性的南派武功融入角色舞台表演，這在其它地方劇種中是少見的。有南派武功為基礎，粵劇中的靶子（又叫把子，是演出中兵器道具的總稱，亦指使用它們的表演），手橋（統稱粵劇中南派武術的徒手搏擊招式，因對打時雙方手搭成橋狀得名），及高難度的椅子功和高台功，表演起來驚險刺激，乾淨俐落，十分吸引觀眾眼球。

特技 二：嶺南風格的衣裝道具

粵劇的戲服較早時主要模仿明朝衣冠式樣，之後慢慢吸納了清朝官服與北方戲曲元素，但粵劇的戲服仍保持自己的特色。若是演出特定年代的故事，還會出現漢代式樣的「大漢裝」與清代故事的清裝等特別式樣。粵劇戲服樣式通常為企領長袍，闊口、中袖，上面的「廣綉」構圖飽滿、花紋繁縟、色彩濃豔，圖案生動，裝飾性強，再加上許多亮片、珠子或小鏡子，在舞台燈光下燦爛輝煌。粵劇的戲服主要有「蟒、靠、海青、海長／開氅、官衣、帔、衣」七種，它們搭配不同的頭飾、道具、靴鞋，可以表現出不同戲劇人物的身份。

特技 三：粵劇的妝面

我們都知道京劇、川劇等劇種都因獨特的妝面聞名。粵劇的化妝也有自己的一套特色，令演員以最吸引眼球的模樣出現在觀眾面前。

首先是適用於生旦角色的「俊扮妝」，這種妝面以紅白（底色）二色為主，以胭脂突出眼睛到臉頰的位置，然後描畫眉眼，輔助「吊眉」等工序凸顯神采。老年角色則不用生旦角色那麼濃的胭脂，妝面膚色亦更接近肉色，勾畫眉眼的顏色同樣較淡，以表現角色的年邁。粵劇丑角的妝容眉眼畫法變化較多，最令人印象深刻的是他們會在面部中央畫出一塊純白色，體現詼諧效果。最後，粵劇的「花面」類似於京劇的「花臉」，以不同的顏色圖案體現人物的個性。粵劇花面採用的顏色以紅、黑、白、藍、黃為主。紅色代表忠義熱血，黑色代表敦厚剛直，白色代表奸險狡猾，藍色代表狂妄兇猛，黃色代表驃悍幹練，具有很強的象徵意義。[1]

1 粵劇化妝穿戴的詳細內容，可以參見香港西九文化區官方網站粵劇知識影片：https://digital.westkowloon.hk/tc/video-stories/cantonese-opera-101-face-painting-and-costumes-cantonese-opera

特技 四：不斷改革，博採眾長

粵劇發源於兩廣地區，是中國最早與西方貿易，接觸西方科技思想的地區之一。當地人開放包容，善於吸納新鮮事物融會貫通的特質也體現在粵劇的演變上。辛亥革命後，受文明戲、話劇的影響，粵劇除使用民族樂器演奏外，還使用了小提琴、電吉它、爵士鼓、小號等。近代粵劇劇目的內容亦有不少取材於外國戲劇、電影、文學作品，或者根據本地時代風貌和社會熱點創作新戲。比如辛亥革命時期，清末「四大寇」之一的陳少白就參與創辦了「采南歌」童子班，培養出靚元亨、靚榮、揚州安、靚少鳳、大眼錢等粵劇名角，編演的《地府鬧革命》、《文天祥殉國》、《兒女英雄》等反清改良粵劇，開粵劇界革命的先聲。根據新戲的內容，演員穿着現代時裝的情況亦不少見。正是這種保存經典之餘敢於變革，敢於創新的態度，令粵劇常演常新，在各個年齡段的觀眾中都具有蓬勃的生機。

認識粵劇的行當

粵劇演員按照角色性別、年齡、身份、性格和戲份劃分的專業分工類型叫做「行當」，早期粵劇行當共有十大行當，細分分工甚至多達二十五種。到了 20 世紀 30 年代左右，戲班為了降低演出成本，使表演從昔日廣場藝術更適應劇場藝術的轉型，粵劇行當改革為「六柱制」。「柱」即是戲班台柱的意思。

十大行當：

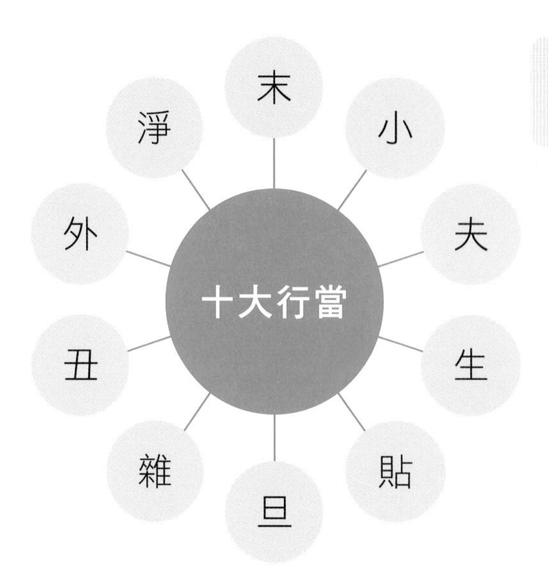

你知道每個行當扮演甚麼角色嗎？

六柱制：

武生	包攬過去正生、總生、公腳、花面等角色。
文武生	包攬文武各類型的一號男主角。
正印花旦	包攬文武各類型的一號女主角。
小生	包括除老生、丑生外的二號男主角。
二幫花旦	戲份次於正印花旦的二號女主角，包括小旦、刀馬旦、老旦。
丑生	又稱「網巾邊」，包含男丑、女丑。

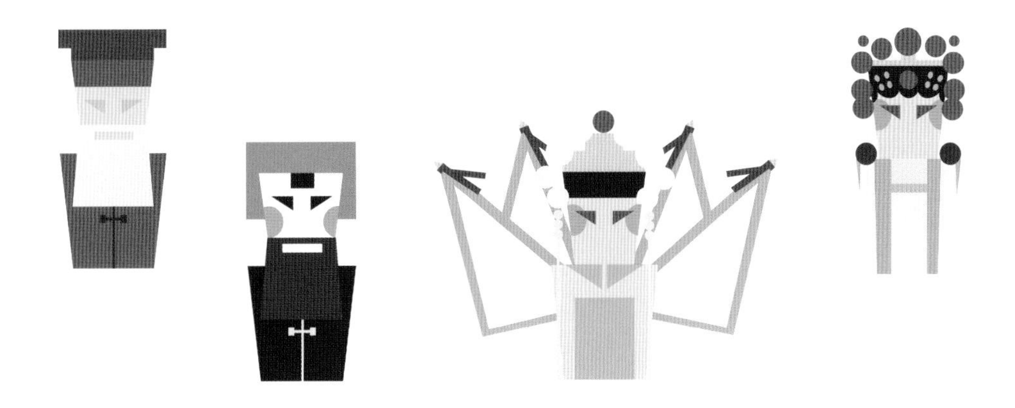

粵劇怎樣唱？

早期的粵劇藝人與京劇一樣使用假嗓（類似旦角唱法），後來轉為平喉或真假嗓結合。行腔順乎詞意，講究字聲、語調，不求花哨，由此形成了粵劇的腔由字出、字隨腔落，調式變化與節奏變換自然順暢之特點。現在粵劇聲腔很多，但可歸結為三大類。

平喉	平和、質樸的男聲，是一般生角和老旦的唱法。末角唱法別具一格，稱為「公腳喉」。
子喉	假嗓，一般是旦角唱法。還有一種介乎於子喉和平喉的唱法叫做「子母喉」，多為中年女角使用。
霸腔	高亢、激越的男聲，多是小武、花面使用。還有種平、霸結合的唱法叫做「文武腔」，多是武生、鬚生使用。

佛山粵劇名家

佛山作為粵劇的起源地，培養出眾多粵劇名伶和粵劇社團創辦者、劇作家，為粵劇的發展做出了重要貢獻。

女班代表李雪芳

▲ 李雪芳

由於朝廷不許男女合班的禁令，以及封建社會男尊女卑，男女授受不親的思想，歷史上粵劇戲班長期都由男性組成。直到 1919 年，才出現了第一個粵劇全女班「名花影」。20 世紀 20、30 年代，全女班的發展達到巔峰，其中有「羣芳豔影」、「鏡花影」、「金釵鐸」、「名花影」四大女班，不但在廣州和港澳演出，還遠赴上海、天津，甚至新加坡和美洲。「羣芳豔影」班的台柱李雪芳是廣東南海人，號稱「雪豔親王」，她扮相明豔，聲音清脆明亮，創造出粵劇專戲專腔之一的「祭塔腔」。梁啟超將其與京劇大師梅蘭芳並稱為「北梅南雪」，1919 年李雪芳帶班到上海賑濟義演，獲得了「北梅南雪兩芬芳」的讚譽。

白駒榮

▲ 白駒榮

粵劇小生白駒榮（1892 ～ 1974）是廣東順德人，與薛覺先、馬師曾、桂名揚並稱粵劇四大天王，嗓音清亮，行腔婉轉，是 20 世紀上半葉最著名，藝術成就最高的演員之一。他是把粵劇戲台演唱語言從官話改為粵語的先驅之一，發展出「二黃」的腔調和版式，更以真嗓（平喉）代替假嗓演唱，自創了「白派」的演唱方式，有「小生王」的譽名，《客途秋恨》是他的代表作。後來他擔任廣東粵劇學校首任校長，為培養粵劇新人做出了卓越的貢獻。

薛馬爭雄

▲ 廣東粵劇博物館收藏的薛覺先和馬師曾合影

20 世紀 30 年代初，粵劇受到了電影的衝擊，省港班藝人也需要謀求變革。各大班主爭奇鬥豔，名腔名劇異彩紛呈。

30 年代薛覺先（1904 ～ 1956）的覺先聲劇團和馬師曾（1900 ～ 1964）的太平劇團在省港兩地展開競爭。他們吸取了舞台劇和電影的元素，引入西洋樂器，對傳統粵劇進行了全方位的改革。薛覺先的代表作《胡不歸》，以及馬師曾代表作《苦鳳鶯憐》等劇碼轟動一時。兩位巨匠這種競爭激烈但友情甚篤的藝術爭鋒，在粵劇史上稱為「薛馬爭雄」。

南海十三郎

江譽鏐（1910 ～ 1984），字絳霞，號小蘭齋主，別號南海江楓，藝名南海十三郎，他於廣州出生，祖籍廣東南海縣張槎下塱村。他是 1930 年代粵港著名粵劇劇作家。代表作包括《心聲淚影》、《女兒香》、《燕歸人未歸》等。江譽鏐生平傳奇跌宕，1993 年被杜國威改編成為舞台劇《南海十三郎》在香港上演，由謝君豪飾演南海十三郎。1997 年這齣廣受歡迎的舞台劇被改編為香港電影《南海十三郎》，由高志森導演及監製，同由謝君豪主演。這部電影獲得第 17 屆香港電影金像獎最佳編劇獎及最佳男主角、男配角提名；第 34 屆金馬獎最佳改編劇本、最佳剪輯、最佳男主角、最佳男配角獎項，以及最佳劇情片和最佳導演提名；還獲得第 3 屆香港電影金紫荊獎十大華語片獎項。1999 年被亞洲電視再改編成電視劇。2022 年，高志森和廣東佛山粵劇院改編的同名粵劇在佛山瓊花劇院首演。

「世界上年齡最大、表演時間最長的藝術家」

武生羅品超（1911 ～ 2010）祖籍廣東南海，他的表演剛柔相濟，唱腔高亢激越、優美抒情，注重在繼承傳統的基礎上大膽創新，吸納京劇、話劇的所長。他主演過許多傳統劇目，還編演了《荊軻》、《林沖》、《羅成寫書》、《平貴別窯》等劇碼。1994 年他在美國巡演時獲得了林肯藝術中心的「粵劇終生成就獎」，是「世界上年齡最大、表演時間最長的藝術家」健力士世界紀錄保持者。

▲ 位於佛山的廣東粵劇博物館內復原的瓊花會館

從瓊花會館與「紅船子弟」說起……

粵劇具有悠久的行會傳統，內部設立嚴格的管理制度。同時，戲班四海為家，演員多是基層出身，又擁有江湖兒女反對壓迫侵略、團結互助的秉性。《佛山忠義鄉志》載梁序鏞《汾江竹枝詞》曰：「梨園歌舞賽繁華，一帶紅船泊晚沙，但到年年天貺節，萬人圍住看瓊花」。「瓊花」和「紅船」，就是這一劇種留下的文化象徵與寶貴精神遺產。

明代廣府民間戲曲活動興盛，行內子弟日益增多。為了管理戲班，同時為藝伶子弟提供練功、教習、排練的場所，粵劇藝人在佛山的大基尾（今佛山市紅強街）成立了粵劇行會。行會供奉戲行祖師「華光」，因華光大帝有鬧瓊花會的故事，故會館又稱為「瓊花宮」或「瓊花會館」。會館定立了較為嚴格的管理制度，內設慎和、兆和、慶和、福和、新和、永和、德和、

▲ 瓊花會館

普和等八堂，分別統管所屬會眾。戲班排出新戲，需要經過會館審核批准才能上演，戲班之間因為場地、偷師等問題產生糾紛，也需要會館進行調解。

明清時期的戲曲藝人地位很低，並沒有固定的居所，哪裏有喜慶壽宴、大集廟會，收到邀請就需要帶着沉重的行頭前往。廣東水網密集，戲班就將船作為交通工具，既可以放唱戲行頭也可以住宿其中，隨時可以搬遷，到了大碼頭還能用竹子搭起戲棚唱戲售票。因為這種船塗成紅色，便叫做「紅船」，粵劇藝人亦因此自稱「紅船子弟」。

清咸豐四年（1854 年），粵劇名伶李文茂帶領粵劇子弟起義失敗，粵劇一度被清廷封禁，義軍大本營瓊花會館亦被燒毀。直至同治八年（1869 年），兩廣總督瑞麟為母親祝壽，眾戲班演戲助興，粵劇才獲得解禁的契機。隨後粵劇子弟在廣州以瓊花八堂為結構，重建了粵劇行會「八和會館」。粵劇中心由佛山轉到了廣州。隨着粵劇的不斷發展，八和會館也成立了不少分會，遍佈世界多個地區，為推動粵劇的國際化發展作出了重大的貢獻。

◀ 廣東粵劇博物館內粵劇戲班紅船模型

在清廷粵劇禁演期間，傳統的粵劇藝人有一部分開始收徒授業。其中老藝人蘭桂叔、華保叔在十三行豪商伍家的花園內創辦了「慶上元」童子班，培養出武生新華、花旦姣婆梅、小武崩牙啟、丑生生鬼保、小生師爺倫等，後來這些人成為粵劇中興的佼佼者。到光緒初年，粵劇戲班重現繁榮的景象，新的行業會館也重新建立起來。

雖然經歷過起義失敗與朝廷鎮壓，粵劇藝人依然不斷參與反抗封建王朝的活動。1908 年，陳鐵君、黃詠台、盧我讓創建了「振天聲」劇社，他們的演出多是宣揚民主的內容，較以前更為激烈。「振天聲」赴港澳各地演出，反響熱烈，去南洋巡演，大受華僑歡迎。孫中山在新加坡接待了「振天聲」藝人，勉勵有加，並且接納了「振天聲」全體社員加入同盟會。類似的還有李文甫、林直勉組織的「醒天夢」戲班，他們也加入同盟會並直接參加了黃花崗起義，戲班發起人李文甫更在起義中壯烈犧牲。

清朝覆滅之後，粵劇藝人們在面臨國家受到侵略的危機時，亦奮力報國。1937年盧溝橋事變後，八和會館組織抗戰籌款，這也是抗戰中廣東的第一次籌款活動。在美國巡演的靚少佳驚悉抗戰爆發後，率「勝壽年」劇團成員發動華僑捐款，並在《粉碎姑蘇台》的演出中，借范蠡之口高呼「興兵雪恥！」馬師曾也組織了抗戰劇團，編演了《洪承疇》、《秦檜遊地獄》等劇，宣傳抗戰痛斥漢奸。抗戰勝利後又隆重推出劇目《還我漢江山》，受到廣泛好評。

▲ 粵劇雕塑《南國紅豆》

▲ 粵劇雕塑《快樂時光——私伙局》

萬福台

萬福台位於佛山市禪城區的佛山祖廟內，建於清順治十五年（1658年），是嶺南地區規模最大、裝飾最堂皇、保存最完好的古戲台。逢喜慶節日、神誕、秋收後，都會在這裏舉行粵劇演出。佛山是粵劇的搖籃，自清代以來，粵劇戲班的第一台戲一定要在此上演，然後才開始各地巡演之旅。每位粵劇子弟都以登上萬福台表演為榮，薛覺先、白駒榮、紅線女、馬師曾、羅品超等粵劇名伶，都曾在這裏登台獻藝。如今，萬福台已經成為了佛山粵劇文化的象徵。

▲ 佛山祖廟內的萬福台

武林高手浩氣揚

佛山是聞名的「武術之鄉」，是中國南派武術的主要發源地。2004 年，佛山被中國武術協會授予「武術之城」的稱號，也是中國唯一一個獲得此稱號的城市。春秋戰國時期，居住在兩廣的百越族人民風強悍，擅長作戰。唐以來中原人口的南遷，令本地武術和中原武術彼此融合。明清之際，佛山武術已相當普及，出現多種流派。其中著名的蔡李佛拳、洪拳、詠春拳等，都創傳自佛山。據佛山市政府統計，目前佛山擁有 52 個拳種，數百家武館以及約 1 萬從業人員，60 萬練習武術的本地人口。武術還進入學校，孩子們通過習武強身健體，培養品德[1]。如今街知巷聞，聲聞世界的武術宗師和武術巨星黃飛鴻、葉問、李小龍等人都是佛山人，那麼，就讓我們來看一看佛山的武術名人有甚麼傳奇故事吧。

黃飛鴻

▲ 黃飛鴻像

黃飛鴻（1847，亦有説法為 1856 ～ 1925），原名黃錫祥，字達雲。大家熟悉的「飛鴻」是他的號。黃飛鴻出生於廣東省南海縣。父親黃麒英是一位著名武師，名列「廣東十虎」之一，他雖然是武林高手，還善於治療跌打損傷，但因為家中貧困，不得不四處賣藝。據説黃飛鴻只讀了幾年私塾，便隨父在廣州佛山一帶賣藝賣藥。

黃飛鴻 16 歲那年定居廣州，在第七甫開設武館，結束了遊方賣武的生涯。不久，黃飛鴻成為果欄、菜欄、魚欄的武術教練，開始獨自行走江湖。此後黃飛鴻在多地鏟奸除惡，展示出不少武術套路和武術器械的精妙運用，名聲逐漸在珠三角傳揚開。

1 見佛山市政府門戶網站：http://www.foshan.gov.cn/zwgk/zwdt/bmdt/content/post_5416917.html

1882 年，黃飛鴻受聘廣州水師武術教練，考取廣州將軍衙門「靖汛大旗手」一職。1885 年，黃飛鴻關閉了武館，專職成為廣州將軍衙門技擊教練。次年，黃飛鴻的父親黃麒英病逝，見識過清廷陋習的黃飛鴻萌生退意，辭去軍職後在廣州仁安街開設跌打醫館「寶芝林」，再設武館，由徒弟梁寬代師授徒。

1888 年，黑旗軍首領劉永福敬佩黃飛鴻武藝高強、醫術精通，聘其為軍醫官和福字軍技擊總教練，並在隨後的保台抗日中，黃飛鴻也隨軍出力。甲午戰爭中國戰敗，被迫簽署不平等條約《馬關條約》，割讓遼東半島、澎湖列島和台灣。黑旗軍護台失利，黃飛鴻離台返粵，目睹清廷軟弱，愛國軍民的血肉之軀和刀槍劍戟抵擋不住日軍槍炮，在很長的一段時間內他都是僅行醫不授武。

1911 年 8 月，在時任廣東省民團總長劉永福的力邀下，黃飛鴻再次出山，擔任廣東民團總教練。10 月，辛亥革命在武昌爆發，消息傳到廣東，黃飛鴻再次辭職回鄉。此後默默授徒傳藝，不再謀職。1924 年 10 月，西關一帶房屋在火災中被毀，仁安街「寶芝林」也未能倖免。黃飛鴻憂鬱成疾，於 1925 年 4 月 17 日病逝，終年 69 歲，由女弟子鄧秀瓊出資相助，安葬在白雲山麓。

黃飛鴻平生最大的成就是對洪拳進行了較為全面的整理。現今流傳世界各地的洪拳，多為黃飛鴻及其弟子林世榮一脈。洪拳通過黃飛鴻傳人的大力推廣聞名世界，影響日益擴大。

黃飛鴻是佛山人的驕傲。他所帶給全中國乃至全世界的不僅僅是幾套拳法腳法，更多的還是俠義精神文化以及憂國憂民的情懷。通過影視作品的演繹，黃飛鴻被塑造成一個崇高的形象，具有深遠影響力。在佛山人的祖廟內有黃飛鴻紀念館。館內通過千餘件黃飛鴻相關的文物，介紹了黃飛鴻的生平事跡，還全面展示了數十年來圍繞黃飛鴻而產生的各種文藝作品。

◀ 佛山祖廟中的黃飛鴻紀念館

南海醒獅

▲ 佛山黃飛鴻獅藝武術館

中國舞獅中的「南獅」又稱「醒獅」，是由唐代宮廷獅子舞脱胎而來，後來隨着移民南遷而傳入嶺南。明代南海的醒獅屬於佛山獅流派，在漫長的歲月中，已成為大家對嶺南地區最熟悉的文化符號之一，並隨着華僑的傳播影響到世界。

學習醒獅，需要先學南拳。歷史上的傳奇宗師黃飛鴻，就是醒獅的大家，他的武館當年多次奪得「南粵獅王」的稱號。黃飛鴻的家鄉佛山時常舉行高規格的「舞獅賽」，使這種融合武術、舞蹈、音樂為一體的活動，繼續傳承、發揚光大。

◀ 黃飛鴻獅藝武術館內的黃飛鴻像

▶ 黃飛鴻獅藝武術館外景

佛山醒獅兼具賀慶、競技、聯誼、驅邪、陣式和演藝的作用。尤其是「競技」的環節，由兩個或多個獅班同台獻藝，好勝爭強，依託武術功底，各顯高難靈巧獅藝，以求揚名鄉里，爭當獅壇霸主。2009 年，南獅被列入佛山市非物質文化遺產。

▲ 醒獅表演使用的梅花樁

▲ 醒獅

▲ 醒獅跳梅花樁

「健力士世界紀錄」保持者黃師父？！

作為中國功夫的代表人物之一，黃飛鴻還「創造」了一項世界紀錄，如果有機會的話，這個紀錄還會不斷地刷新。

這是怎麼一回事呢？

原來這說的是以黃飛鴻為題材的電影。黃飛鴻憑藉習武行俠仗義，行醫治病救人的事跡，成為普羅大眾心目中的英雄人物，電影人從而產生靈感，創作出以他為主角的影片。1949 年，由粵劇名伶關德興主演的第一部黃飛鴻電影《鞭風滅燭》在香港上映，大受觀眾好評。從此一部又一部黃飛鴻電影陸續面世，七十餘年來，不但有眾多明星參演，武打動作設計和拍攝技術亦不斷進步。截至 2014 年，黃飛鴻電影已經拍攝了一百餘部，創造了「最多系列電影數量」的健力士世界紀錄。這也反映出無論時代怎麼變化，黃飛鴻的精神仍然受到人們的尊敬和愛戴。

◀ 佛山葉問堂中的葉問像

葉問

大家也許看過梁朝偉和甄子丹等演員飾演香港著名武術家葉問的電影，那麼真實的葉問是怎麼樣的一個人呢？他和佛山又有甚麼聯繫？

葉問（1893～1972）的家族是佛山的名門，自北宋丞相葉顒「父子八進士」以來，葉氏聚族而居，桑園葉家莊聞名遐邇。葉問是家族的三十一代後人，原名葉繼問。

葉問幼年體弱多病，恰好中國晚清著名武術家，人稱「詠春拳王」、「佛山贊先生」的佛山詠春拳宗師梁贊弟子陳華順租用葉問家宗祠設館授徒，葉問為求強身拜陳華順為師，學習詠春拳術。1906 年，陳華順中風臨終前，着意囑咐大弟子吳仲素要幫助葉問完成詠春拳學業，吳仲素盡心盡力完成了這個囑咐。

1908 年葉問得到姻親龐偉庭的資助赴香港求學，經同學介紹，他認識了梁贊次子梁璧，跟隨他深研詠春。梁璧將其父拳法的精妙之處盡傳給了葉問，四年之間葉問武技突飛猛進。回到家鄉之後，葉問一直在佛山從事軍警教拳和私人教拳事業，經常與武術界各門交流切磋。

1949 年，57 歲的葉問離開佛山到香港定居。他先後在九龍利達街、李鄭屋村、九龍興業大廈教授拳技，並分出晚間若干時段，到香港荷李活道執教，使詠春拳技推遍港九每個角落，習武者遍及各個階層，就連警務人員也多有跟隨。

1971 年葉問弟子成立了「詠春體育會」，推崇葉問為詠春派一代宗師，將詠春拳原本深奧神祕的教授方式，調整為簡單通俗、顯淺明瞭的教授方式並向世界傳播。1972 年 12 月 1 日，葉問在香港病逝，享年 79 歲。

定居香港之前，佛山是葉問的成長、習武、生活的地方。葉問作為佛山的驕傲，鄉梓街坊在位於佛山市禪城區的佛山祖廟內開闢葉問堂紀念他，收集和展覽了很多葉問與詠春拳的資料。

李小龍

▲ 香港尖沙咀星光大道的李小龍塑像

雙截棍、黃色連體戰衣、打戲中的吶喊聲、出招前摸一摸鼻子的招牌動作、特別的髮型……說到這幾點，很多人就知道我們說的是世界聞名的武打巨星李小龍。今時今日，李小龍的影響力不僅限於影視明星，他身後代表的中國文化意涵，以及對世界流行文化的啟發，都令他成為一個不朽傳奇。李小龍雖然出生在美國三藩市，之後回到香港發展，但其祖籍為佛山順德，那麼在城市中走一走，是否可以發現他留下的痕跡呢？

李小龍其人

李小龍（Bruce Lee，1940 ～ 1973）的生平，相信他的很多影迷都能如數家珍。僅僅三個月大，本名李振藩的他就在粵劇名伶父親——「四大名丑」之一的李海泉懷中出演了粵劇影片《金門女》，開始了與電影的不解之緣。十歲時，李振藩正式出演電影，並取了現時為人所知的「李小龍」這個藝名。1961 至 1964 年，他前往美國，在華盛頓大學深造。在美期間，李小龍無間斷地練武，並於 1962 年 4 月在西雅圖成立振藩國術館教授武術，他又參加比賽，開拓美國演藝事業。1970 年，李小龍回到香港加入嘉禾電影公司，通過拍攝《唐山大兄》、《精武門》、《猛龍過江》等一系列大受歡迎的武打電影聲名鵲起。然而不久之後的 1973 年 7 月 20 日，李小龍在參與拍攝電影《死亡遊戲》期間猝然早逝，年僅 32 歲。

◀ 好萊塢星光大道的李小龍名字

李小龍年少時拜香港武術家葉問為師，學習詠春拳強身養性，是為數不多接受過葉問親自授課的學生。除了詠春拳外，他還學習過洪拳、太極拳、少林拳等不同的武術，為日後在武學上融會貫通，研發「截拳道」打下了基礎。「截拳道」（Jeet Kune Do）以詠春拳為基本，輔以拳擊、柔術和擊劍的技巧，武術內核則吸取了道家的思想，是一種實際靈活的「智慧武術」。李小龍曾在1971年的一次電視訪談中，談論過自己的武術哲學思想和人生體會，正是如水一般剛柔並濟，包容變化，順勢而為又鍥而不捨：

Empty your minds,
Be formless, shapeless, like water.
Now you put water into a cup, it becomes the cup;
You put it into a bottle, it becomes the bottle;
You put it in a teapot, it becomes the teapot.
Water can flow, or it can crash.
Be water, my friend.

▼ 李小龍樂園中的李小龍巨像

李小龍的文化影響

李小龍產生的文化影響，已經遠遠超過一個電影明星和幾部賣座電影。在李小龍之前，西方影視文化作品中的大多數華人形象並不正面，他們有的奸詐邪惡，精於算計；有的瘦弱怯懦，卑躬屈膝；還有的於情節沒有太大幫助，只是一個彰顯異域風情的標籤。但李小龍在電影中展現出有情有義有節的武術高手形象，一改過去華人在西方人眼中的負面印象。他是把武術融合到電影中的先驅之一，令西方人了解到何為「功夫」。這不但令當時香港電影風靡世界，香港動作片成為一塊「金字招牌」，此後不少西方影視作品中華人以世外高人武術大師的形象出現，亦是李小龍產生的影響。

李小龍電影問世的 20 世紀 60 ～ 70 年代，世界面臨冷戰的危機，香港還處在英國的殖民統治之下。李小龍在電影中認同中國人的身份並感到驕傲，不向外國人的種族歧視與壓迫低頭。他使用武力並非為了迫人屈服或炫耀強勢，而是維護中國人的尊嚴，通過中華武術表現民族自信。這一點在《精武門》電影中，他飾演的主角陳真打碎「東亞病夫」牌匾一段，體現得格外明顯。

同時，李小龍海納百川，刺激迅捷的武打動作，作品中不畏強暴、扶助弱小、講究情義的正義感也頗受社會大眾喜愛。美國街頭潮流文化，包括一些運動時尚品牌，都將李小龍和他的相關文化符號融入創作設計。世界各地的影視劇和流行歌曲中，亦常常在造型、歌詞、MV 元素方面致敬李小龍。

▲ 李小龍祖村宗祠

▲ 李小龍故居

▲ 李小龍紀念館鳥瞰

李小龍故居與佛山李小龍樂園

李小龍出生在美國，但生前在順德和香港兩地都曾居住過。李小龍故居位於佛山順德均安鎮的李氏宗祠旁，是一房一廳一廚一天井的傳統珠三角磚木民居，李小龍的祖父李震彪建造這座房屋以後，李家兩代人都居住在此。李小龍祖居的大門刻有「武德龍溪綿世澤，英名鶴嶺振家聲」，橫批是「武德流芳」的楹聯，室內陳列李小龍及家人的相片、李家族譜、李小龍電影劇照等，並擺設練武的木人樁，讓遊客聯想李小龍當年的生活。

距離李小龍祖居不遠處，兼有佔地面積近三千畝的李小龍樂園，是一座紀念李小龍，展示李小龍家族歷史與其演藝生平，兼具野營度假，運動休閒的綜合園區。樂園的地標是一座高逾 18 米的李小龍銅像，園內設有李小龍紀念館，以及李小龍主演影片的街景展示。

佛山的魅力，在歷史人文，也在自然山水。讓我們背上背包，穿上旅遊鞋，探索佛山這座三水匯聚，眾山圍繞的城市，有甚麼獨特的自然風光吧。

04

漫步

佛山山水

佛山的文化名山

西樵山

西樵山是佛山的傳統名勝，自古譽為「南粵名山數二樵」（西樵山和羅浮山），現在是國家重點風景名勝區。它是一座有四至五千萬年歷史的死火山，在七千多萬年前，珠三角一帶還是海灣，海底一次劇烈的火山噴發噴湧出的岩漿冷卻之後凝結成了山體的雛形，隨後它又經歷了火山熔岩的多次堆疊與地勢抬升，河流沖刷形成了今日外陡內平、岩態萬千的西樵山。

隨着火山的冷卻，火山灰形成的肥沃土地，珠三角成為了古人類活動的核心區。至今西樵山已發現 20 多處新石器時代的大型採石場和石器製作場遺址，是華南地區唯一的大型原始石器製作場。當時在西樵山活動的原始人類已經能夠製作精細的細石器和雙肩石斧，因此西樵山被譽為「珠江文明的燈塔」。

西樵山周圍，有七十二峰、二十六洞、二十八瀑布和二百零七泉的美麗風光。湛若水等很多南粵的學者名士相繼隱居於此，所以西樵山也有「南粵理學名山」的美譽。

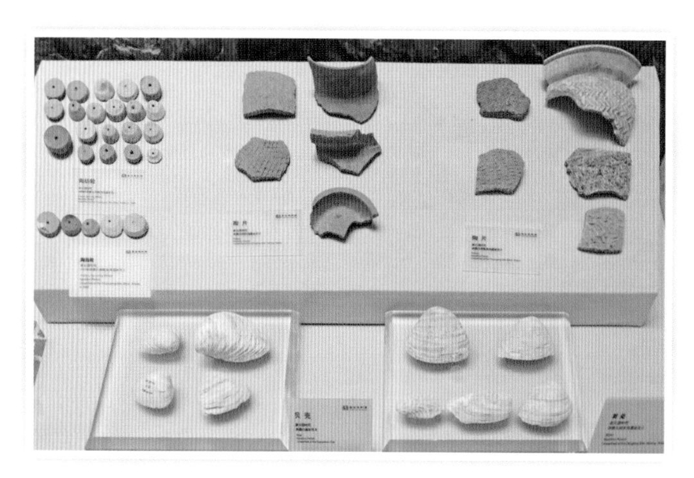

▲ 南海博物館展出的新石器時代「西樵山人」遺跡

西樵山的書院

書院是古代中國的一種民間教育與學術研究機構。它通常由學者大儒主持講學，研究宣傳他們這一學派對儒家學説的理解。西樵山環境幽雅，是文人士大夫嚮往的隱居講學之地，於是明清以來，西樵山陸續出現了眾多書院，成就了「南粵理學名山」之名。

明朝嶺南大儒湛若水第一次造訪西樵山，留下了「千秋雲谷還歸我，三二羊裘作近鄰。莫種桃花臨水岸，引人來問武陵津。」的詩句。他把西樵山比作可以隱居耕讀的武陵源，於是在山中創建了大科書院和雲谷書院。明正德至嘉靖年間的另外兩位名儒方獻夫和霍韜也有相似念頭，方獻夫和湛若水合作創建石泉書院，霍韜創建四峰書院，上述四間書院，被人並稱為西樵山四大書院。此後數十年間，四大書院成為粵地重要講學和修習理學之地。清朝有一位劉子秀，在他寫的《西樵遊覽記》中說：「當湛子講席，五方問業雲集山中，大科之名幾與嶽麓、白鹿鼎峙，故西樵遂稱道學之山。」

到了清乾隆年間，三湖書院在明代白雲先生何亮父子曾經講學的廣東南海西樵山白雲洞附近建成，興建人是南海名士岑懷瑾。書院位居應潮湖、鑒湖、會龍湖之間，因此得名。21 歲的康有為曾在光緒四年（1878 年）來到三湖書院唸書兩年，因此三湖書院亦有「戊戌搖籃」之名。

西樵山的書院如今已多為遺跡，遊客們造訪山中，可以見到湛若水、霍韜講學的岩石，四峰書院的遺址，石泉書院的山門，大科書院煙霞洞附近的古井，以及因為水利建設沉入湖底，只餘一塊碑刻紀念的雲谷書院遺跡。1987 年，南海縣政府重修了三湖書院，展示了當年書院的風貌，書院內還展示了林則徐題寫的「三湖書院」門額，以及梁啟超題寫的對聯「醫用奇方芳百世；補天壯志志三湖」等名人墨跡。

▼ 遠眺西樵山

名人詠西樵山

讀書西樵白雲洞（四首）

康有為〔清代〕

瀑流千尺射巃嵸，嚴壑幽深隱綠茸。日踏披雲台上路，滿山開遍杜鵑紅。
高士祠中曾小住，捫蘿日上妙高台。白雲無盡先生去，洞口雲飛我又來。
仙館清齋讀道書，黃庭寫罷證真如。放生記輟周顒饌，池上雲泉看巨魚。
三湖院外步長堤，堤下三湖印月低。西北月同南月影，證從指月夜提攜。

偕段南海西樵

戚繼光〔明代〕

嶺外俄驚見赤城，芙蓉千仞削天成。
高人世遠不留墅，古木春深只度鶯。
幕裏樽空緣結客，牀頭金盡未成名。
何時開徑來招隱，長與求羊踐舊盟。

皂幕山

皂幕山是佛山西邊的區域，也是佛山地理最高的地方。這裏古時是瑤族的聚居地，近代成為珠江縱隊、粵中縱隊抗日的重要根據地。

皂幕山有很難得的低緯度、低海拔的雲海，紗幕一樣飄過山脊的「皂幕流雲」最是出名。整個山體蒼翠深邃，氣勢儼然，是珠三角少有的氣勢磅礴之山。

◀ 皂幕山 ▼

集齊江河湖海

遊覽過佛山的「山」，我們來看看佛山的「水」。佛山位於水資源豐富的珠江三角洲，不但有「三水匯聚」之名，而且城市內的自然景點，還齊聚了「江河湖海」！

何為「三水」？

佛山水網密佈，自然形成的大小河道、人工開鑿的大小運河，再加上裁彎取直、填河修路的改造，讓傳統的水網更加複雜。

北江，發源於江西省贛州，流入廣州後經南雄、韶關、英德、清遠到達佛山。與西江相通後匯入珠江三角洲，是珠江的第二大水系。

西江，由雲南的曲靖發源，流經貴州、廣西，在佛山和北江匯集流入珠三角的水網。她不僅是珠江水系中最長的河流，華南地區最長的河流，也是中國長度僅次於長江、黃河的第三長河，還是航運僅次於長江的第二水利大河。

佛山的三水區是因為西江、北江、綏江交匯而得名。有水利之便，本應成為水陸要衝的繁華之地，但是據《三水縣水利志》記載，自 1526 年三水建縣到新中國建立，共發生了 81 次比較大的洪災。因此數百年間人們治水、近水、親水的特點也融入了三水民眾的基因。

▼ 三水匯流

▲ 雲東海濕地

▶ 雲東海濕地霞光

雲東海

雲東海位於北江江濱，是珠江三角洲地區不可多得的一塊生態寶地。它在歷史上是一片廣闊的水域，是珠三角第一大淡水湖。

雲東海至清末仍然有 20 平方公里的水面。建國後由於糧食生產需求巨大，這裏開展了圍湖造田，水面縮小了不少，形成今日的規模。近年來當地重視環境保護與綠色經濟，努力保護雲東海的水域和周邊植被。如今的雲東海，包括了湖區、三水森林公園、周邊丘陵山地和低窪地，目標將以生態保育為基礎，建立一個集觀光娛樂、生態研究、休閒商務的綜合區域。

▲ 峰江石場鳥瞰

◀ 峰江石場

峰江石場

上世紀 60 年代，高明水泥廠是佛山當地規模很大的企業，為了給水泥廠供給原料，人們在今天峰江石場的位置開始挖掘礦石。時至 2009 年，出於環保考慮，石場停止挖掘，這裏形成了兩個深度超過百米的大坑。此後坑中逐漸蓄滿積水，形成一個碧綠如鏡的「天湖」。2018 年《中國國家地理》雜誌將它評選為「廣東 100 個最美的攝影地」。

▲ 傍晚歸林的鷺鳥 ▼

鷺鳥天堂

在佛山九江鎮璜磯管理區東風村，竹林與魚塘環繞的三公頃範圍內，生活着六萬餘隻白鷺、灰鷺、草鷺等鷺鳥，每天清晨與傍晚，百鳥齊飛，蔚為壯觀，人稱此地為「鷺鳥天堂」。早在清道光年間，鷺鳥就開始在當地繁衍生息。

▼ 鷺鳥天堂景色

桑基魚塘對佛山自然與農業的影響

讓我們回溯歷史，從很早的時候説起。距今兩千五百年前的春秋戰國時期，躲避戰亂的人羣在中國的太湖沿岸開墾灘塗內澇地區，將地勢低下、常年積水的窪地挖深變成魚塘，挖出的塘泥堆放四周作為塘基進行栽種工作，從而逐步演變成「塘中養魚、塘基種桑、桑葉餵蠶、蠶沙養魚、魚糞肥塘、塘泥壅桑」的循環農業模式，自然的地貌也因此產生了改變。

唐宋時期中國北方連年戰亂，中原人口持續南遷。大量人口湧入讓珠三角迅速發展的同時，也帶來了圍墾耕種的巨大壓力。於是桑基魚塘這種先進的治水治田模式，

◀ 七星村桑基魚塘 ▲

在兩宋時期的佛山再次大面積地運用，人們開始依地勢由高到低建造堤圍。1794 年，鄉人温汝適號召各村宗族擺脱家族圍田各自為政的局面，通修基圍，成立桑園圍總局，開始整體區域性綜合規劃，在北江、西江修建區域性的堤壩合圍。自此，珠江西岸開始形成東至南沙、南至珠海大小橫琴，西到北江、西江的河灘地桑園圍，它是中國古代最大的基圍水利工程。温汝適編修的《桑園圍志》記載「每逢大旱之年，周邊許多地方無法適時耕作，而圍民早已得水灌溉，翻犁播種，踴躍春耕」。與水爭地，圍墾造田的土地還成為重要且穩定的稅田，支撐着廣府的財政。

挖塘越深，塘基越高，塘可養魚，基可種樹。佛山地區的養殖業、蠶桑業因此迅速崛起。尤其養蠶行業，發展到了一年「八收」的超高水平，嶺南三大家之屈大均曾在《廣東新語》中記載「吾廣第八蠶皆可為絲，所謂珍蠶也」「廣之線紗與牛郎綢、五絲、八絲，雲緞、光緞，皆為嶺外京華東西二洋所貴」。當時的生絲價格很高，據資料記載，每擔（約 50 公斤）生絲可以換一擔米，每畝每次產出可達生絲四擔，然而每畝桑田每年可以採桑七八次。在本不適宜耕種的地區，創造了「一船生絲去，一船白銀歸」的生產奇跡。

隨着珠三角地區現代農業的發展和城市化的腳步，今天的桑基魚塘已經逐漸變少，但在佛山南海區西樵山附近有六百多年歷史的七星村，至今保存着珠三角最好的近 10 萬畝桑基魚塘區，並在 1972 年被聯合國教科文組織評為「桑基魚塘農田示範區」，值得大家前去一看。

歷史悠久的佛山，亦是建築藝術的寶庫。我們將從祠廟宮觀、傳統園林、僑鄉特色建築三個方面去尋訪佛山的古建築，從中感受歷史的變遷和佛山僑鄉的獨特人文風貌。

05

佛山
名勝建築

▲ 佛山祖廟內影壁

祠廟宮觀

獨特的祖廟

佛山地區原本是水患頻繁的水澤之地，交通往來依靠水運為主。宋代以後，佛山逐漸成為嶺南的冶鐵中心，火也成為生產生活中的隱患。北帝，古稱玄武，是二十八宿中北方七宿的總稱，也是四象（或四靈、四神）之一，其形象通常是由一隻龜和纏繞其上的蛇組成。到了東漢，玄武升格為「北帝之精」，為水神之一。玄武大帝主要掌管水，故而佛山自宋代開始供奉玄武，以求水火安寧。明代，皇室再次強化了對北帝的信仰，北帝祭祀成為國家大典。佛山的祖廟成為一個集政權、族權和神權於一體的官祠廟宇，成為佛山人的精神支柱。祖廟規模宏大，建築結構嚴謹，是嶺南最具代表的古建築類型。

▶ 佛山祖廟的雕塑裝飾

▲ 佛山祖廟大門

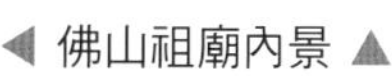

◀ 佛山祖廟內景 ▲

蘆苞祖廟

佛山的三水，因地處三江匯流之地而得名。蘆苞古稱胥江，蘆苞祖廟始建於南宋嘉定年間，又稱胥江祖廟。祖廟中供奉的神明和佛山祖廟相似，以北帝為主，同時供奉了佛教的觀音菩薩和道教的文昌帝君，是一座集儒釋道於一身的廟宇。建廟八百年歷經元、明、清各代多次修葺，使得這座廟宇瑰麗多姿，成為一座藝術殿堂。它的屋脊裝飾，是石灣陶塑最早的運用案例，以多種古典戲曲和古老傳說內容為題材，塑造了眾多人物、山水、花卉、鳥獸和珠寶等，釉色鮮明，形象生動，千姿百態，五彩繽紛。蘆苞祖廟、佛山祖廟及悅城龍母廟，被視為廣東地區最有影響的三大古廟。

◀ 蘆苞祖廟

▲ 三水五昆都山顯廟

昆都山五顯廟

昆都山五顯廟位於廣東省佛山市三水區，建於清代。1994 年名列三水市文物保護單位，2006 年被列入第四批佛山市文物保護單位。

五顯神也叫作五聖神、五通神、五鬼神、五郎神、五猖神等，是南方的民間信仰，也是過去南方最重要的民間祭祀神明之一。昆都山的五顯廟是廣東省僅存的供奉五顯神的廟宇，由於五顯神又與華光大帝有關係，故而在三江匯流的昆都山立廟，也有護佑自稱為「紅船弟子」的粵劇藝人之意。

西山廟

西山廟位於順德鳳山東麓，是供奉武聖關羽的廟宇。這座廟宇在明代中期建成，目前的建築是在清代光緒時期翻修，仍然保存完好。西山廟的主體建築是四合院式，由山門、前殿、正殿組成。建築細節上，西山廟集合了嶺南的傳統建築工藝「三雕二塑」──木雕、磚雕、石雕、陶塑、灰塑，表現三顧茅廬、夜讀春秋、訪水鏡、收關平、卧牛山五個與關羽有關的三國故事，以及各種吉祥紋飾和神仙典故，十分精美。

▲ 西山廟

四大名園，獨佔半壁

廣州番禺餘蔭山房、東莞可園、佛山梁園、順德清暉園，被稱為嶺南四大園林，其中佛山擁有四大名園中的「半壁江山」。我們現在就去佛山的著名園林一看究竟吧！

梁園

佛山梁園為佛山松桂里梁氏家族私家園林的總稱，主體位於禪城區，1989年被定為省級重點文物保護單位。佛山梁園始建於清代嘉慶年間，主體部分由佛山名士梁藹如、梁九華、梁九章及梁九圖叔姪四人陸續建成，包括梁藹如的「無怠懈齋」，梁九章的「寒香館」，梁九華的「羣星草堂」及梁九圖的「十二石山齋」和「汾江草廬」等五組各具特色的園林建築。

鼎盛時期的梁氏園林曾達到兩百多畝，是宅第、祠堂、園林三位一體的古建築羣，其中秀水、奇石、名帖並稱「梁園三寶」。

▲ 梁園廳堂

▼ 梁園

▲ 梁園花園景致

▲ 梁園中精美的木框彩色玻璃窗，這種晚清民國廣東特有的窗扇裝飾採用套色蝕刻玻璃技藝，亦被稱作「滿洲窗」

清暉園

清暉園位於廣東省佛山市順德區大良街道，建於清嘉慶年間。1989 年被列入廣東省文物保護單位名錄，2013 年被列入第七批全國重點文物保護單位。

清暉園原址原為明朝萬曆三十五年（1607 年）狀元，官至禮部尚書、大學士的順德杏壇鎮人黃士俊的私家花園。後來黃家敗落，清乾隆年間園林被龍應時買下，再由龍應時傳與其子龍廷槐和龍廷梓，後來整座園林因兄弟分家分為兩部分，庭院的中間部分歸龍廷槐，左右兩側歸龍廷梓所有。龍廷梓將歸他的左、右兩部分庭院建成以居室為主的庭園，稱為「龍太常花園」和「楚蘈園」，人們俗稱左、右花園。嘉慶十一年（1806 年），龍廷槐之子龍元任請了書法家李兆洛為園林書寫了「清暉園」三字，以喻父母之恩如日光和煦照耀。園林經龍應時、龍廷槐、龍元任、龍景燦、龍渚惠等五代人多次修建，逐漸形成了格局完整而又富有特色的嶺南園林。清暉園的主要建築有澄漪亭、碧溪草堂、惜陰書屋等，以嶺南磚雕和特色的彩色玻璃窗聞名。

▼ 清暉園鳥瞰

▲ 清暉園園景

◀ 清暉園園景

▲ 清暉園建築

▲ 碧江金樓外景

特色民居

碧江金樓

碧江是佛山的經濟重鎮，清代已發展成頗具規模的手工造紙基地，也是珠三角重要的糧食加工儲運中心。碧江的官儒商賈在家鄉興建了大量考究華麗的祠堂、民居、館舍、書塾和園林。宋朝時，有一位據説是蘇東坡後人，在朝廷中任職太尉的蘇紹箕在碧江村居住，他的後裔以經營龍眼乾果、土紙錫錠、茶葉發家，成為當地大族。到了清代，蘇氏家族中的蘇丕文曾任三品兵部職方司員外郎，他於道光年間歸鄉後大興土木，營造職方第和藏書樓。蘇丕文建造的藏書樓名叫賦鶴樓，共兩層，內部裝飾着大量木雕，且多取金箔鑲貼，因此又名金樓。

金樓由泥樓、職方第、後花園、亦漁遺塾、三興大宅等建築羣組成，二層的雅集（招待客人，文人雅士聚會的場所）是整座金樓的精華所在。金樓的華麗耀眼固然是看點之一，但仔細環顧四周的酸枝木雕家具門窗，你便會發現小小的方寸之地竟然雕刻着大千世界，花鳥魚蟲，應有盡有，而且動物姿態生動，神態逼真，植物巧奪天工，栩栩如生。

▲ 金樓內部裝飾

▲ 金樓內部裝飾

◀ 金樓正門

金箔鍛造與金漆木雕

金箔製作技術始於東晉，成熟於南朝，元末明初南傳到廣東。作為一種延展性極強、性質穩定的貴金屬，金具有永不變色、抗氧化、耐腐蝕等特性，非常適用於木雕、石雕、壁畫等藝術品以及寺院佛像和金字招牌。佛山地區巧奪天工的金漆木雕使用佛山本地鍛造金箔，幾乎包羅了木雕藝術中的所有手法。尤為難得的是木雕全部採用中國傳統題材，滲入了外來的藝術風格，裝飾效果也非常符合嶺南人的審美，具有很高的藝術欣賞價值，以實物印證了嶺南文化的發展史。

▲ 南海博物館收藏的木雕貼金九龍如意

◀ 南海博物館收藏的金漆木雕文物

吳家大院

吳家大院是佛山保存較好，面積較大的清末民初建築羣，目前是九江僑鄉博物館。它位於佛山南海區的九江鎮，九江是佛山著名的僑鄉，現存的吳家大院屬於越南華僑吳庚南家族，始建於清代光緒年間，現存鑊耳屋六間和混凝土結構的方型洋樓四幢。院內鑊耳大屋大小一致，整齊排列，均以紅石為建築基石，再以青石、青磚建築而成，均為兩層的結構。四幢高洋樓樓體以青石青磚為主體結構，融入很多西方裝飾元素，是嶺南僑鄉民居的經典樣式。

▲ 吳家大院鳥瞰

▼ 吳家大院

▲ 吳家大院內景

自秦統一嶺南之後，中原王朝便開始有計劃地向嶺南移民。當時人們一路沿着湘桂走廊下西江，在高要、羅定、甚至雷州半島等地定居，另一路經折嶺的隘口順連江而下到達連縣、陽山等粵北一帶，形成了漢代人口以粵北山地最多，西江流域次之的特點。

唐朝梅關古道開鑿以後，中原人民為了躲避北方戰火，進一步遷移到嶺南。在兩宋末年的大遷移中，嶺南成為中原人遷徙的主要目的地。佛山很多古村落都是在這時候形成的，它們是嶺南本地的村落，卻也包含着來自北方和江南的特點。

06

佛山

古村遊

嶺南周莊——逢簡水鄉

逢簡村位於順德杏壇鎮，是順德地區最早有人聚居的地區之一，早在兩漢就形成了聚落。這裏最大的兩大家族是逢姓和簡姓，各自形成了家族的村落。後來村落融合有了「逢簡」之名。清代逢簡大力發展桑基魚塘，成為著名的蠶絲出產地，利用環村的水道，出現了「一船生絲去，一船白銀歸」的盛景。村內水鄉古村元素留存至今，有「嶺南周莊」的美譽。

到逢簡水鄉旅行，可以搭一條船，順着河道觀賞當地的傳統民居，青石小巷和參天古樹。村中共有三十多座橋樑，其中最著名的是兩座宋代留下的石橋明遠橋和巨濟橋。國內最古老的三孔石拱橋，它們就佔據了兩席。還有光緒皇帝御賜給逢簡舉人李昌明的百年金桂樹，至今矗立在巨濟橋邊，延續着「耕讀傳家，蟾宮折桂」的好意頭。

◀ 逢簡水鄉

中國歷史文化名村——松塘村

西樵松塘村位於佛山南海區。據説南宋理宗年間（1225 ～ 1264）區氏先祖從南雄珠璣巷南遷至此，已有近八百年歷史。2010 年，松塘村被住房和城鄉建設部、國家文物局評為第五批「中國歷史文化名村」。

松塘村素有「南海衣冠推望族，西樵靈秀萃吾門」的美譽。村內古松矗立，民居環繞水塘，清幽古樸，充滿嶺南風情。最具特色的是區氏宗祠門前一列排開的旗杆石，古時鄉間子弟科舉考試中進士或舉人，村裏祠堂前就會豎一根旗杆懸掛旗幟紀念，固定旗杆的旗杆石上刻明中舉者的姓名和名次。如今旗杆已經腐朽不存，旗杆石上面刻着的紅漆文字仍清晰可認。從石頭上的名字可以得知，松塘村在清朝嘉慶、同治、光緒、宣統年間就出了四個進士、五個舉人。其中更有區玉麟、區諤良、區大典、區大原入職清朝翰林院，故松塘村亦被稱為「翰林村」。

中秋時節，松塘村還有「燒番塔」的習俗。《羊城竹枝詞》中：「維艇先登得月樓，管弦如市鬧中秋。兒童一夜燒番塔，明日旗燈尚未收。」說的就是這一風俗。人們用磚瓦砌成向上逐漸收窄的塔形，塔內塞入柴草，中秋夜晚點燃柴火，柴火燃盡後整個塔身燒至通紅，人們用扇子向塔口搧風，火花就會從塔周圍的縫隙，以及塔頂小洞噴出，形成壯觀的火花噴泉。據說火光越旺盛，就意味着該村來年能獲得豐收。遊客如果恰好在節日造訪松塘村，就可以親自體驗一下。

▲ 南海博物館內展出的燒番塔模型

你聽說過珠璣巷嗎？

佛山很多古村落開村於宋末元初，論及村莊肇建的傳說，很多當地人會稱他們的祖先是從廣東南雄珠璣巷遷來的。珠璣巷到底是怎樣的一條巷子，為甚麼會有這麼多當地的居民遷移到嶺南各地？

唐開元四年（716 年），張九齡奉詔開鑿大庾嶺路，梅關驛道成為嶺南連接中原的主要通道。梅嶺到南雄是粵北的一個山間盆地，躲避北方頻繁戰亂的民眾多數在這裏停留居住，或將其作為中轉站遷移到廣東其他地區。南宋至元初，大批中原漢人因避戰亂，長途跋涉翻越南嶺到達南雄珠璣巷，隨後有 186 個姓氏經歷百餘次遷移抵達珠江三角洲，開拓嶺南，傳承文化。

佛山九江鎮有個地方叫破排角，據《九江鄉志》記載：「破排角在大洋灣，廣州各家族譜稱，始祖多從南雄珠璣巷來。」說的就是南雄珠璣巷人在南宋末年為了避禍乘竹排南遷，竹排在途中被礁石撞壞，只好登陸居住，破排角即是他們登陸的地方。按照傳說，現在分佈在珠江三角洲地區的大多數廣府人都是珠璣巷居民的後裔，因此珠璣巷成為了他們的一種精神認同。2021 年，國務院公佈第五批國家級非物質文化遺產代表性項目名錄，《珠璣巷人南遷傳說》正式入選民間文學國家級非物質文化遺產代表性項目名錄。

▲ 松塘村鳥瞰

▲ 松塘村宗祠

▲ 宗祠門口眾多旗杆石
訴說着古村的輝煌

▶ 旗杆石

廣東第一村 —— 大旗頭

大旗頭古村建於明代嘉靖年間，由鍾氏、鄭氏先祖遷居成村。目前古村是嶺南規模最大的廣府鑊耳屋古建築羣，2004 年，廣東文化廳將其評選為「廣東第一村」。在清末，鄭氏子弟鄭紹忠屢立戰功，升遷至廣東水師提督。他回饋鄉梓，在村中建起參照軍營規制、佈局、防禦、排水等功能的兩百多間房舍供同族免費居住，奠定了村落民居、祠堂、家廟、府第、文塔、曬坪、廣場、池塘等景觀齊備的佈局。到今天，它成了嶺南傳統村落的代表，在 2003 年成為全國首批國家級歷史文化名村之一。

▲ 振威將軍家廟（鄭紹忠受封建威將軍，他去世後朝廷追封其三代為振威將軍）

◀ 建威將軍鄭紹忠像

▼ 大旗頭村古巷

佛山是著名僑鄉，亦是嶺南手工業重鎮，在漫長的歷史中，這座城市有許多的故事，等待我們通過尋訪博物館來了解……

07

追尋佛山老故事

▲ 南海博物館

佛山歷史的足跡

南海博物館

公元前214年，秦統一嶺南，在嶺南地區設「桂林、象、南海」三郡。今天廣東省的東、中部區域基本都屬於南海郡。博物館位於西樵山，展示了境內出土的大量文物，西樵山的石器、漢代的陶器、唐宋的瓷器和歷代南海籍文人的書法繪畫。博物館常設展廳分別為「南海記憶」、「南海羣英」、「館藏書畫」、「廣府風情」，引發人們對南海歷史的追憶和強烈的本土文化認同。

▲ 南海博物館藏「福祿壽」磚雕

▲ 南海博物館內蠔殼牆，這是珠三角常見的嶺南建築工藝

▲ 南海博物館收藏的康有為書法

冰玉堂

清末，順德的絲織行業開始興盛，從事繅絲的女工也走出家庭與禮教的束縛出外做工，開始有了經濟獨立的能力。看到身邊的小姐妹在出嫁後的低微地位，部分女工不願接受這樣的道路，自願終生不嫁。於是她們舉辦儀式，自行把未婚姑娘的一根長辮子梳成婦女出嫁時才由母親或女性長輩幫忙挽起來的髮髻，表示終身不嫁，獨立謀生，和女伴們扶持終老，人們因此將這些女性稱為「自梳女」。20 世紀初，順德絲業衰落之後，自梳女們前往港澳和南洋謀生，多半成為居家女傭。今天香港北角的七姊妹道，傳說亦和自梳女的習俗有關。

然而自梳女自立不易，她們還要幫補雙親家用，至年紀漸老精力漸衰，又因當時風俗不能與家人同住，晚年生活往往非常困頓。這樣的情形下，年老的自梳女便結伴羣居，相互扶持勉強度日。

冰玉堂位於順德均安，原是當年在東南亞（南洋）謀生的自梳女成立的同鄉會籌建的安老院，為省級文物保護單位，2012 年作為博物館對外開放。它是一座兩層建築，一層樓中間供奉着觀音，左右是已經去世的自梳女的靈位，當年的自梳女則居住在樓上。遊客參觀冰玉堂，可以了解自梳女這一歷史上特殊羣體的生活，以及她們艱難奮鬥、互相扶持的故事。

藏在博物館裏的精彩手藝

石灣陶瓷博物館

佛山陶瓷源遠流長，石灣河宕貝丘遺址就出土過新石器時代的印紋陶器。大帽崗唐宋窯址的發掘，足以證明佛山在唐宋時期已是嶺南的陶瓷中心。

石灣陶瓷博物館是以南風灶、高灶兩個陶窯為核心建立的綜合展示博物館。在展示區中，有用兩座古龍窯復原的古製陶作坊「古寮場」、保留着廣東省重點文物保護單位林家廳及明清古民居羣、市文保單位高廟偏廳、紮根於古窯之上的生態奇觀「古灶榕風」、由出土陶片鑲嵌而成的大型壁畫《瑞龍獻寶》等，講述了「陶瓷拾隅」、「陶的形成」、「窯的演變」、「石灣陶業二十四行」、「石灣陶藝」和「陶瓷發展」六大部分內容，是系統化了解石灣陶業的一個窗口。

◀ 石灣陶瓷博物館收藏《楊宗保登台拜將》瓦脊

▶ 石灣陶瓷博物館收藏清代「意新造」竹林七賢瓦脊

▲ 石灣陶瓷博物館

▲ 位於佛山高明區的唐代龍窯遺址

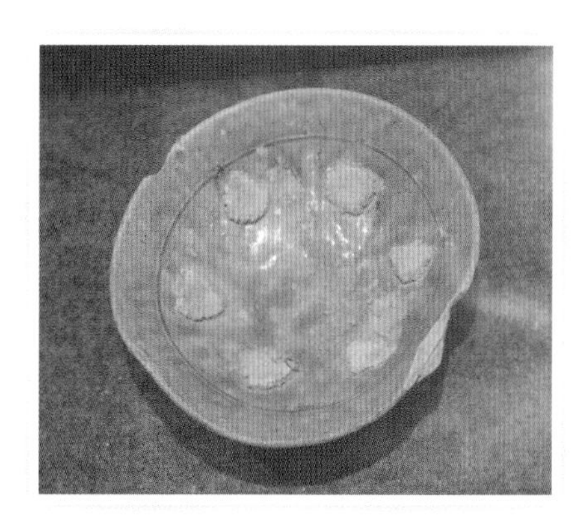

▲ 龍窯遺址發掘出的唐代陶瓷

▲ 龍窯遺址發掘出的唐代青釉四耳罐

南風古灶

「石灣瓦，天下甲」是對石灣陶藝的讚譽。石灣窯興起於宋代，當時山西汾水岸邊的霍州窯天下聞名。霍州窯主家族移居到嶺南，開啟了石灣陶藝新的發展階段。

南風灶是霍氏第十代子孫在明朝正德年間建起，它依山而建，身長達到三十四米，猶如巨龍卧崗，故而又稱「龍窯」。清末民初之石灣陶業鼎盛時期，這裏的龍窯達一百條以上。南風灶雖然修建很早，但歷次的技術革新讓其薪火不息，成為世界上仍在使用的最古老龍窯。

▲ 石灣古八景陶塑

▼ 薪火相傳七百餘年的南風古灶（龍窯）▶

南國絲都絲綢博物館

順德有着深厚豐富的絲綢文化。中國第一台蒸汽繅絲機誕生在廣東，廣東的絲綢業於清代達至鼎盛，順德是其中的代表和佼佼者，被稱為「清末廣東首富縣」、「南國絲都」、「廣東銀行」。南國絲都絲綢博物館通過文物展示、文化交流、休閒體驗等方式，讓遊客們了解順德絲綢業的繁榮。

▲ 南國絲都絲綢博物館正門

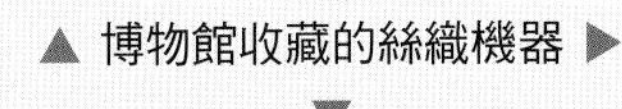

▲ 博物館收藏的絲織機器 ▶
▼

香雲紗

香雲紗是幾百年來我國南方和東南亞各國常用的夏季服裝面料，這種面料越穿越烏黑亮澤，越穿越輕快涼爽，而且會沙沙作響，因此被稱為「響雲紗」，後來又取其諧音有了現名。

香雲紗的生產需要許多特殊條件，染色的主材料來自當地一種多年生藤本植物「薯莨」，還需要用到珠三角地區特有的含礦物質的河涌塘泥，才能形成香雲紗獨特的顏色質地。2008 年，香雲紗染整技藝被列入國家級非物質文化遺產名錄。

▲ 佛山香雲紗博物館

▲ 佛山非物質文化遺產保護展覽廳展出的香雲紗服飾及薯莨 ▶

▲ 香雲紗曬場

九江雙蒸博物館

九江是嶺南著名的古鎮之一，在近代史上曾繁榮一時，「小廣州」之名眾口皆碑。清道光年間，九江的雙蒸酒成為了遠近聞名的特產名品，其中以友隆興酒莊出產的質量最佳。「雙蒸」指的是使用了兩倍材料兩次蒸餾蒸出一份的酒，它解決了傳統工藝蒸餾酒度數難於提升，香型的香味也不夠濃烈的缺點，讓「玉潔、冰清、豉香純正、醇滑綿甜、餘味甘爽」風格的九江雙蒸酒開始享譽嶺南。1952 年，以永德興為代表，九江鎮上十二間釀酒作坊共同組成了今日的「九江酒廠」，近年九江酒廠建立博物館，為我們講述故鄉水，家鄉酒的故事。

▲ 九江雙蒸博物館內收藏的蒸餾工具

▶ 九江雙蒸博物館

佛山的節慶活動，與當地人的生產生活，日常習俗密切相關。同時，佛山的節慶活動規模龐大，無論男女老少都參與，遊客們加入其中，也能切身感受到節日的歡樂與佛山人對美好生活的嚮往期待。

08

佛山過節

玩甚麼？

初一、十五行祖廟

佛山過去多是水澤，後來雖有開發治理，但依舊水患頻發。宋代以後，北人南遷日益頻繁，帶來了北方普遍的玄武（北帝）信仰。北帝又稱真武大帝、玄天上帝，是統領北方的道教大神。因為北方在五行中主水，傳說祂能掌管水火，消災袪疫，因此受到水網密集的嶺南地區人民敬仰。加之佛山也是重要的冶鐵中心，司水的玄武，既能保佑水患平靜，又能克制火患，成為珠三角民間信仰的主流。

尤其是佛山，廣東最早的北帝廟就在這裏。千百年來，人們習慣在這裏求得庇佑。信仰深入到生（求子）、老（求壽）、病（求平安）、死（求赦罪）、嫁娶等方方面面。除夕之夜，吃完團圓飯，再到祖廟走一走，搶一注「頭香」，成為佛山人最為重視的儀式。

正月十六行通濟

通濟橋對佛山有着極為重要的歷史意義，這座橋橫跨洛水河，北連金魚街，始建於明代，是佛山最早興建的木橋。隨後曾任戶部尚書的李侍問歸鄉，見木橋破敗，發起募捐重修。橋在天啟六年建成，它恰處佛山南面佛山涌出口，是佛山到順德諸鄉的主要水路碼頭，也是佛山商貿往來的重要通道。每年佛山人為了討個好口彩，就會在新年到通濟橋走一走，以求生意和生活順遂。每到正月十六，十里八鄉的人們拿着生菜（寓意生財），舉着風車（寓意時來運轉），口唸「行通濟，無閉翳」（「閉翳」意思是發愁、不安、心情抑鬱），由北向南走過通濟橋，再由其他線路返回，不走回頭路。

舊時通濟橋頭還建有南濟觀音廟和通運社，每日居民來往和廟會時的人來人往，逐漸形成了一種以「橋」為核心的文化風俗並傳承至今。

▲ 通濟橋

▲ 行通濟 （彭飛　攝）

祖廟廟會

每年農曆三月三是北帝誕日，傳説佛山祖廟的北帝誕辰祭祀活動是珠三角最早的，距今已有近六百年歷史。當日人們會進行赴廟肅拜、北帝巡遊、演戲酬神和燒大爆等多種活動。期間參加人數往往達數十萬眾，呈現出「鼓吹數十部，喧騰十餘里」的盛況。

此外正月初六、三月三十的北帝坐祠堂，二月十五、八月十五的春秋諭祭、九月初九的北帝崇升「飛升金闕」等日子都會有大規模的廟會活動。祖廟廟會因此成為珠三角地區歷史最久、規模最大、影響最深遠的民俗文化活動。

▲ 北帝誕廟會的盛況（佛山市博物館提供）

順德龍舟賽

順德河道縱橫，鄉人多熟悉水性。早在明代，順德賽龍舟活動就頻繁出現在當地的各種方志中，在鄉間的牌匾、刻字上也時常能看到比賽的紀錄。

順德的賽龍舟和珠三角其他地區的賽龍舟規則基本相同，但順德賽龍舟的儀式卻完整。一般在農曆四月初八「浴佛節」前後，人們會擇吉日請吉舟，祭龍頭。之後還有「採青」、「掛紅」、「搶青」、「出龍」、「放頭」、「搶紅」等儀式，待到比賽完畢，還會有「洗龍舟水」、「吃龍舟飯」，以求「雨露同沾、龍精虎猛」。最後還會再擇吉日，將龍舟埋入河泥或懸入祠堂中，謂之「藏龍」。

▲ 康熙年間龍舟賽第一名得到的「壓盡群龍」石刻
（佛山市順德區博物館　攝）

▲ 順德龍舟賽彩龍鬥豔（佛山市順德區博物館　攝）

佛山秋色

佛山秋色是中秋節舉辦的一種活動。「色」原意為裝飾，「秋色」即是秋天舉辦的，可以讓人見到美好事物的活動。它起源於兩晉時期兒童舞草龍慶豐收的「耍樂」。到了明代，隨着佛山的農業、手工業和商業的發展和繁榮，人們開始以民間工藝展示和文藝表演的方式慶祝中秋。清代詩人岑澂曾寫《竹枝詞》一首，描寫當時情況：「柚燈如晝妒姮娥，絲竹沿街按節歌。紙馬蓮舟都入畫，果然秋色比春多。」

佛山秋色的民間工藝展示主要包括紮作、砌作、針作、裱塑、雕批等工藝。它一般會以大巡遊的方式展示，分為燈色（各種造型的彩紮）、車色（花車彩架）、馬色（騎上紙馬扮演故事人物）、地色（扮演故事人物）、水色（展現水上意境的紙紮）、飄色（用長竹竿挑起的彩燈）、景色（反映物品的彩燈）七大類，如今還會有花車、表演、音樂、戲曲等元素助興。秋色的規模越來越大、技術和觀賞性也越來越高，於 2008 年成為第二批中國非物質文化遺產。

▲ 佛山非物質文化遺產保護展覽廳收藏的佛山秋色花燈

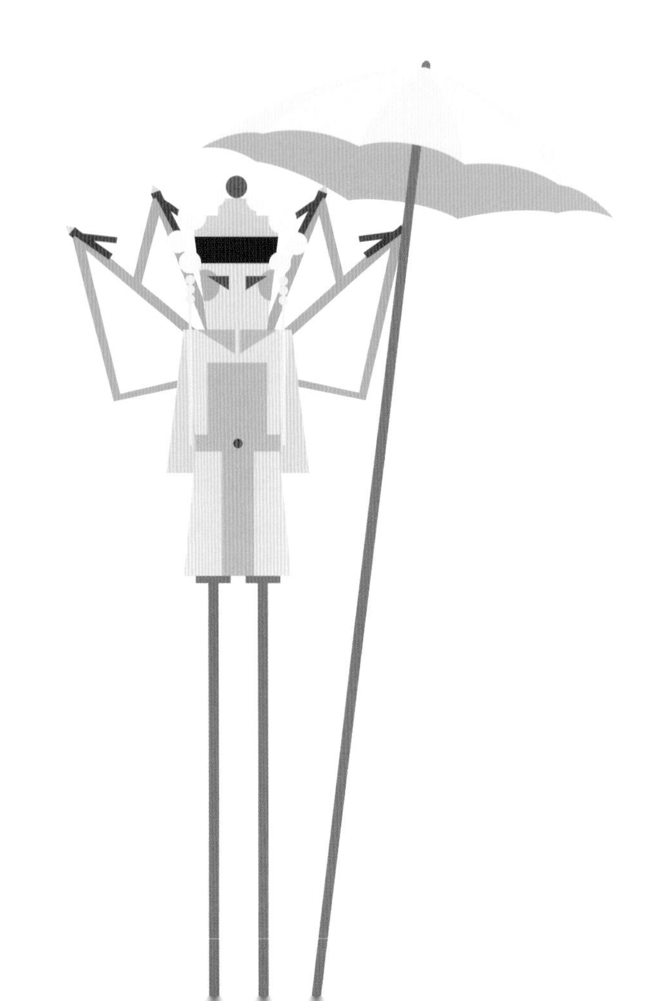

長洲飄色與佛山秋色

在香港長洲島，每年都會舉辦盛大的太平清醮活動。太平清醮最初是本地居民酬神祈福，希望水陸平安、百病不生的宗教儀式。隨着時代發展，這項活動加入了更多旅遊娛樂和民俗展示的內容。2011 年，長洲太平清醮連同大澳端午遊涌、大坑舞火龍和香港潮人盂蘭勝會成為第三批中國國家級非物質文化遺產，還曾經被美國《時代週刊》雜誌網站選為「全球十大古怪節日」之一。長洲太平清醮有兩項最著名的活動，一是搶包山，二是飄色巡遊。飄色的「飄」，指的是巡遊中的表演者站在若干人推舉的小木板上，看起來彷佛凌空飄浮。表演者通常都是體型輕巧的小朋友，他們扮成各種傳統歷史文化故事和社會知名的人物，每年長洲各街道的機構與街坊都會構思出新花樣，吸引遊客觀賞。

然而，最早期的長洲太平清醮是沒有飄色這個項目的，只有傳統道教的打醮巡遊。據説 20 世紀 20、30 年代，有長洲人來到佛山，為秋色巡遊的表演着迷，便將這個節目帶回長洲，慢慢成為了一項當地特色。

你還知道香港本地有甚麼節日民俗，和大灣區的其他城市相似或有聯繫嗎？

◀ 佛山秋色（彭飛　攝）

▶ 順德區博物館藏順德大良魚燈，常用於大良魚燈會等與佛山秋色齊名的民間節慶巡遊活動

有一句喜愛美食的人都耳熟能詳的俗語：「食在廣州，廚出鳳城」，這裏的「鳳城」就是順德。今天順德是佛山市管轄下的一個區，經濟上和佛山市南海區、中山市和東莞市並稱「廣東四小虎」。它還是著名的美食聖地。順德美食有六字真言：「清、爽、嫩、滑、鮮、真」，其中「真」是順德美食的真諦，即是「魚有魚味，雞有雞味」，「食出真味道」。廣東省是廣州名菜薈萃之地，而能夠做出這些名菜的名廚，大多師承於順德，去佛山旅遊，自然不能錯過以順德菜為代表的美味了！

09

廚出鳳城

我們去佛山吃甚麼？

日常百搭的粥與粉

陳村粉

陳村粉起源於順德陳村，1927 年村裏一個名叫黃但的人從南海西樵學會製作河粉的手藝，改良創製了一種雪白半透明，猶如緞子般薄、軟、滑、爽的米粉。陳村粉用陳製半年的大米製作，青石磨手工細細研磨而成，它的烹飪方式多樣，蒸、撈、涼拌、煎釀皆可，配合其他葷素食材，可以衍生出五花八門的菜式。

高明瀨粉

高明瀨粉源於高明區。瀨粉指的是用稻米粉拌上熱水製作出來的長粉條，人們把米粉糰倒進模具裏擠壓，長長的粉條就流淌出來，然後再將其放入冷水定型。傳説在明代，當地瑤族人和漢族人一起居住，瑤族人就把這種製作米粉的手藝教給了漢人。

吃高明瀨粉時，先將瀨粉輕輕用開水燙幾十秒放入碗中，再淋上骨湯，放入青菜、肉、雞蛋絲、葱薑蒜、花生等配料即可食用。

▲ 高明瀨粉

生滾粥

生滾粥是一種粥品統稱。先煮好以大地魚或乾瑤柱熬製的白粥作粥底，再分別將醃製過的豬肉、牛肉、豬肝、魚片、雞肉塊、皮蛋、心肺、粉腸等食材放入滾沸的白粥中，享用時可加入胡椒粉。生滾粥的粥底水米交融，大米幾乎融化在水裏，喝起來非常綿軟爽滑，再配上鮮美的食材，極具風味。

尋常動物，神奇美食

牛雜

佛山牛雜，是一種頗為草根的美食。牛雜包括了牛心、牛肚、牛肺、牛腸、牛天梯（氣管）等。新鮮的牛雜混合十幾種香料和醬料一起熬煮，熬煮好的牛雜軟硬適當，每一品類都有各自的味道和口感。

佛山紮蹄

佛山紮蹄是佛山傳統名食，是用慢火煮浸而成。製作紮蹄有兩種方式：一種是用整個豬手炆煮而成；一種是去除腳筋和骨頭，用豬腳皮包着瘦肉，再用水草綁好炆煮。做好的紮蹄切成薄片，裏層粉白相間，配上鹵水和醋的蘸汁，美味而無肥膩感。傳說佛山有家老字號「得心齋」擅長做這道菜，清代一位來佛山巡視的官員吃過以後讚賞不已，但覺得紮蹄有「綁手綁腳」之意，便根據店名贈送了「得心應手」四字，於是日後佛山人逢年過節，也會買一隻紮蹄，求一個好彩頭。

▲ 佛山紮蹄（何紹鑒　攝）

柱候雞

俗話說：「未嚐柱候雞，枉作佛山行」。柱候雞的特點是烹飪時使用了柱候醬，柱候醬的發明者相傳是佛山一個名叫梁柱候的人，因此而得名。柱候醬用黃豆、鹽和麪粉發酵後提取而成，再加入果皮、蒜頭等，與雞肉一起燉煮，風味獨特，雞肉嫩滑，醬味濃郁，獨具地方特色。其中以「三品樓」的柱候雞歷史最為久遠。

饋贈消閒兩相宜的小點

盲公餅

盲公餅是佛山傳統小吃。相傳清嘉慶年間，有一位盲人在街頭算命，因為客人有時候久等飢餓，或者帶來的小朋友哭鬧影響生意，盲人的兒子就創造出這種餅賣給客人吃，不料大受歡迎，成為本地名產。盲公餅是一類甜味糕餅，以糯米粉糰配以食糖、花生、芝麻、豬肉、生油等原料製作。餅內所夾的豬肉用白砂糖醃製過，吃起來口味十分獨特。

▲ 佛山盲公餅（彭飛　攝）

西樵大餅

西樵大餅是佛山市傳統小吃之一，它是一種白色圓形的糕餅，因用西樵山清泉揉製而得名。它的最大特點就是「大」，最大的餅有 2 斤重。大餅以高筋精粉為原料，加以白糖、豬油、酵母等烘烤而成。新鮮的西樵大餅表面有一層薄薄的細粉，色澤潔白，口感鬆軟甜香。

大良蹦𧊅

盲公餅、西樵大餅和大良蹦𧊅，被稱為佛山「三大手信」。

蹦𧊅是廣東省傳統的特色油炸小吃，是一種由麵粉拌和豬油、南乳、白糖等配料製成的傳統食品。因形似金黃色蝴蝶，順德大良本地方言將蝴蝶叫做「蹦𧊅」，因此得名。後來經李禧記改進，風味甘香酥化，鹹甜適度，而成為著名特產。而「李禧記店」也成為粵、港、澳知名的老店名鋪。

▲ 大良蹦砂（佛山市順德區大良街道文化中心　攝，佛山市博物館提供）

雙皮奶

順德盛產水牛奶，當地人發明出許多與牛奶相關的食物。雙皮奶是先將鮮奶煮滾倒入碗中產生第一層奶皮，待牛奶冷卻後倒出剩下的牛奶，加上白糖蛋清，倒回碗中蒸煮，這樣就形成了一新一舊的兩層奶皮。雙皮奶口感嫩滑，奶香濃郁，是一種廣受歡迎的粵式甜品。

▲ 售賣順德雙皮奶的當地老店廣受遊客歡迎

▲ 雙皮奶

倫教糕

倫教糕這個名字，一不小心容易被誤認為「倫敦糕」，以為是甚麼西點。實際上，它是地地道道的順德特產點心，有「嶺南第一糕」美譽。倫教糕始創於明朝順德倫教（亦稱倫滘），在廣東其他地區和港澳也叫作白糖糕。人們將大米磨成米漿，加入糖、酵母、温水發酵之後蒸熟成糕，攤涼以後切片食用。倫教糕的外形特點是「豬膏面、三紋眼」，即顏色潔白如豬油，橫截面有細長如眼、彼此黏連的蜂窩狀氣孔和漂亮的魚翅紋，口感潤滑彈韌，滋味清甜。《順德縣志》提到，明朝時倫教糕已經十分有名，士大夫都不遠百里坐船去購買。到了 20 世紀 30 年代，居住在上海的魯迅先生從小販口中，也聽說了廣東來的「玫瑰白糖 / 桂花白糖倫教糕」，還將其寫進了《弄堂生意古今談》和《零食》等散文中。

▲ 倫教糕

我的
大灣區
旅行筆記

寫一寫

我的佛山之旅，見到了甚麼？

學到了甚麼？

旅行筆記

最喜歡的景點是？

最喜歡的故事是？

寫一寫

體驗到甚麼民俗？

品嚐了哪些美食？……

旅行筆記

下一站我想去的粵港澳大灣區城市：

下一站我想了解到：

鳴謝人士（按字母順序）

鄧偉雄先生

何紹鑒先生

黃振威先生

彭　飛先生

尤曾家麗女士

鳴謝機構（按字母順序）

佛山市博物館

佛山市順德區大良街道文化中心

佛山市順德區博物館

佛山市圖書館

責任編輯　楊　歌
裝幀設計　龐雅美
排　　版　龐雅美
插　　圖　鄧佩儀
印　　務　劉漢舉

小白楊工作室　策劃
陳萬雄　主編　　劉集民　編著

出版 | 中華教育
香港北角英皇道 499 號北角工業大廈 1 樓 B 室
電話：(852) 2137 2338　傳真：(852) 2713 8202
電子郵件：info@chunghwabook.com.hk
網址：http://www.chunghwabook.com.hk

發行 | 香港聯合書刊物流有限公司
香港新界荃灣德士古道 220-248 號荃灣工業中心 16 樓
電話：(852) 2150 2100　傳真：(852) 2407 3062
電子郵件：info@suplogistics.com.hk

印刷 | 泰業印刷有限公司
大埔工業邨大貴街 11 至 13 號

版次 | 2023 年 7 月第 1 版第 1 次印刷

規格 | 16 開（260mm x 190mm）

ISBN | 978-988-8860-07-4